E. Wiemers · Zirzensische Lektionen, Band 1

Eine sinnvolle Pferdegymnastik

Nova Hippologica

Begründet von

Dr. Reiner Klimke

Herausgegeben von

Dr. Dr. Johannes E. Flade †,
Richard Hinrichs und
Dr. Norbert Záliš

Olms Presse
Hildesheim · Zürich · New York
2016

Eva Wiemers

Zirzensische Lektionen

Band 1: Eine sinnvolle Pferdegymnastik

Olms Presse
Hildesheim · Zürich · New York
2016

Die Abbildung auf der Vorderseite zeigt Eva Wiemers mit Galathee.
Foto: Ursula Dröge

Die Autorin spendet ihre gesamten Honorare dem
BROOKE HOSPITAL FOR ANIMALS
– für die Arbeitspferde und –esel
und ihre Besitzer in aller Welt.

Brooke Hospital for Animals
21 Panton Street
London SW1Y4DR
www.thebrooke.org

Bibliographische Information der Deutschen Nationalbibliothek
Die Deutsche Nationalbibliothek verzeichnet diese Publikation
in der Deutschen Nationalbibliografie; detaillierte bibliografische Daten
sind im Internet über http://dnb.d-nb.de abrufbar.

8. Auflage

www.olms-pferdebuch.de

Printed in Hungary
Gedruckt auf säurefreiem und alterungsbeständigen Papier
Umschlagentwurf: MZB/Olms Verlag
ISBN 978-3-487-08389-6

Dank

Ohne Johnny hätte ich nie den Weg eingeschlagen, der zu solch einem Buch führen konnte. Zuerst hat er sich in mein Leben gedrängt, danach wollte er ein Showpferd sein. Mit beidem hat er sich durchgesetzt.

Aber auch Gloria hat kräftig mitgeschrieben. Da sie sich niemals zu etwas zwingen läßt, hat sie die Entwicklung meiner Methoden entscheidend beeinflußt.

Noch viele andere Pferde, viele Kursteilnehmer, Freunde und Bekannte haben mitgeholfen, nicht zuletzt, damit das Bildmaterial entstehen konnte.

Besonderer Dank gilt meiner Familie, die anteilnehmend korrigiert, kritisiert, ermutigt und gezeichnet hat. Meine Nichten Jenny und Amelie setzten sich nicht nur in ungezählten Stunden ein, um bei Training, Vorbereitung und Aufnahmen zu helfen (ohne jemals die Geduld mit den Pferden zu verlieren), sondern sie gaben meinen Pferden auch Pflege und fachkundige Zuwendung in den häufigen Zeiten meiner Abwesenheit.

Niemand jedoch kann Johnny aufwiegen, meinen Freund. Als echtes Tinkerpferd - bei irischen Landfahrern geboren und aufgewachsen - weiß er, wie man mit Menschen spricht. Hauptsächlich ihm verdanke ich, daß ich inzwischen ebenfalls ganz leidlich mit Pferden reden kann. Seiner Ausstrahlung ist es zu verdanken, wenn heute meine jungen Pferde und meine Reitschüler ungeduldig und selbstbewußt ihrem Showauftritt entgegenfiebern - in Johnnys Begleitung hat keiner Angst vor dem Rampenlicht!

Alle Pferde sind besonders - aber Johnny ist besonders besonders! Ihm widme ich mein Buch.

Vorwort zur fünften Auflage

Als mein Band 1 im Jahre 1998 erschien, war er das erste Buch zu diesem Thema überhaupt. Niemand konnte damals wissen, daß sich zirzensische Lektionen mit Pferden zu einem eigenständigen Spezialgebiet der Pferdeausbildung mausern würden.

Seither sind acht Praxisjahre ins Land gegangen, in denen ich viel zirzensische Erfahrung gesammelt und veröffentlicht habe. In einem zweiten Buch wurde die in Band 1 niedergelegte Lehre ergänzt und durch neue Übungen erweitert. Meine vier Filme zeigen im Bild, was Worte nicht erklären können. Auch von anderen Autoren liegen Bücher und Filme vor. Und immer noch ist mein erstes Buch zeitgemäß und findet bei den Lesern nach wie vor Zuspruch.

Allerdings gibt es ein Kapitel, dessen Umsetzung in der Praxis oft nicht zufriedenstellend gelingt. Das ist das Kapitel über das Wiegen (Kap 8.1.1). In meiner heutigen Kurspraxis wird das Wiegen als Übung auf dem Weg zum Kompliment durch eine neue Übung ("Hals und Rücken beugen") sehr pferdeschonend ergänzt. Die Wiegeübung selbst bleibt zwar als wichtige Vorübung erhalten, bekommt aber einen anderen Stellenwert als eigenständiger mentaler Baustein für das Pferd.

Damit Band 1 zum Erlernen der Ausbildungstechniken weiterhin ausreicht, wird diese fünfte Auflage um eine gekürzte Version des Kapitels über das Beugen von Hals und Rücken aus Band 2 erweitert. Beim praktischen Üben ist diese sogenannte Beugeübung nach dem Kapitel 5.1 (Freies Stillstehen und Herankommen) einzufügen.

Was finden Sie in Band 1?

Dieses Buch ist vor allem ein Lehrbuch zu den grundlegenden Ausbildungstechniken. Es beschreibt den Aufbau und die Entwicklung der Lektionen "zu Boden", beginnend mit dem Kompliment über das Knien zum Liegen und zum Sitzen, und die Ausbildung des Spanischen Schritts, über den ich das Steigen entwickle. Somit gibt es dem Leser einen Überblick über das Fach und vermittelt das wesentliche Praxiswissen zu den einzelnen Lektionen.

Was finden Sie in Band 2?

In diesem Buch wird der "Wiemers-Weg" entwickelt. Er gründet sich auf die natürlichen Verhaltensweisen des Pferdes und ermöglicht damit vor allem Neueinsteigern einen besonders pferdeschonenden Zugang zu den zirzensischen Lektionen. Aus Band 1 bekannte Übungen werden erweitert, neue kommen hinzu. Außerdem beweist und erklärt er medizinisch fundiert den gymnastizierenden Wert jeder einzelnen zirzensischen Lektion.

Mit diesem Buch in der Hand ist man in der Lage, eine für das Pferd möglicherweise schädliche Ausbildung von einer in seelischer und körperlicher Hinsicht wertvollen zu unterscheiden. Vor einem solchen Hintergrund fällt es leichter, Verantwortung zu übernehmen.

Schon dieses Jahr folgt Band 3!

Kann es denn noch Neues über zirzensische Lektionen geben? Eher nicht. Was sich in den letzten Jahren geändert hat und noch weiter ändern wird, ist die Einschätzung ihres Stellenwertes.

Ganz am Anfang waren die "Tricks" vor allem ein belustigender Zeitvertreib für die Pferdebesitzer, bald schon stiegen sie auf zu einer anerkannten Abwechslung für die Pferde. Dann erkannte man den partnerschaftsfördernden Stellenwert. Noch lange wurde ihr Beitrag zur Pferdegymnastik unterschätzt, von einigen sogar geleugnet. Jetzt ist auch er nicht mehr umstritten.

Heute geht es eher um die Verträglichkeit der zirzensischen Ausbildung mit anderen Methoden des Pferdetrainings und um ihre ethische Beurteilung. Der Ruf nach einer möglichst artgemäßen Ausbildung wird zum Glück immer lauter.

In Band 3 wird am Beispiel zirzensischer Lektionen aufgezeigt, wie man natürliches Pferdeverhalten auf physischer und psychischer Ebene in der Ausbildung von Pferden berücksichtigen kann. Somit wird auch erklärt, warum diese Lektionen eine so tiefgreifende Bedeutung für Pferde haben können.

Übung für Übung wird im Hinblick darauf durchleuchtet, welches natürliche Verhalten sich darin verbirgt. Szenen aus dem Training und Szenen aus dem "Privatleben" der Pferde lehren den Leser, ihre Gestik und Mimik zu erkennen und zu deuten. Er gewinnt auch eine Vorstellung davon, wie sie möglicherweise denken.

Welche Filme gehören zu welchem Buch?

Die Filme Teil 1 und Teil 2 veranschaulichen Band 1. Sie liegen zeitlich etwas später als das Buch und weisen in Einzelheiten schon auf Band 2 hin. Die Filme Teil 3 und 4 entstanden nach Band 2 und verarbeiten schon meine praktischen Erfahrungen mit dem darin erstmals vorgestellten "Wiemers-Weg". In ihnen wird dargestellt, wie jede Übung mit dem jeweiligen natürlichen Pferdeverhalten in Verbindung steht. Deshalb eignen sie sich besonders gut zum Selbsttraining zu Hause und können dem Einsteiger den ersten Kurs ersetzen.

Ausführlichere Informationen finden Sie unter meiner Webadresse www.wiemers.at

Die Autorin spendet ihr Honorar dem Brooke Hospital for Animals – für die Arbeitspferde und -esel und ihre Besitzer in aller Welt.

Brooke Hospital for Animals
21 Panton Street
London SW1Y4DR
www.thebrooke.org

Inhalt

1 Zum Thema 13
2 Die Voraussetzungen 16
3 Der Nutzen 19
4 Die Methoden 24
5 Übungen zur gymnastischen und seelischen Vorbereitung des Pferdes 31
5.1 Freies Stillstehen und Herankommen 31
5.2 Hals und Rücken beugen 36
5.3 Stellen und Wölben des Halses 50
5.4 Rückwärts an der Hand 53
5.5 Beugen der Beine durch Touchieren 55
5.6 Vorderbeine strecken und dehnen 60
5.7 Gewöhnung an die Beinlonge 63
5.8 Gymnastik auf dem Postament 69
6 Der Ausbildungsweg und die folgerichtige Entwicklung der Hilfensprache 75
6.1 Aufbau des Ausbildungsweges 75
6.2 Verzeichnis der nötigen Wortkommandos 77
6.3 Die Entwicklung der Hilfensprache 79
7 Die Bedeutung der Zirkuslektionen für die Psyche des Pferdes 83
8 Die einzelnen Lektionen in Text und Bild 88
8.1 Das Kompliment 88
8.1.1 Über das Wiegen an der Beinlonge zur ersten Bodenberührung 88
8.1.2 Das Ausharren in guter Balance 96
8.1.3 Der Übergang von der Beinlonge zur Gertenhilfe 99
8.1.4 Das Kompliment unter dem Sattel 103
8.1.5 Komplimente aus der Distanz 106

8.2 Knien ... 109
8.2.1 Die zwei Wege zum Knien ... 109
8.2.2 Knien durch Touchierversuche ... 112
8.2.3 Knien durch seitliches Abstellen des Halses ... 113
8.2.4 Die fertige Lektion ... 115
8.3 Liegen ... 118
8.3.1 Die zwei Arten des Liegens ... 118
8.3.2 Die Vorbereitung auf das Liegen ... 120
8.3.3 Das erste Ablegen ... 122
8.3.4 Aufrechtliegen ... 126
8.3.5 Flachliegen ... 127
8.3.6 Legen vom Sattel aus ... 130
8.3.7 Ablegen aus der Distanz ... 131
8.4 Sitzen ... 134
8.4.1 Der natürliche Gehalt der Lektion ... 134
8.4.2 Der Ausbildungsweg ... 138
9 Über den Spanischen Schritt und über das Steigen ... 144
9.1 Grundsätzliches ... 144
9.2 Kleine Führschule ... 145
9.3 Der Spanische Schritt - Übungen im Halten ... 151
9.3.1 Die Suche nach einer reflexhaften Reaktion ... 151
9.3.2 Einzelne Vorderbeinhebungen auf Touchierhilfe ... 154
9.4 Spanischer Schritt in der Bewegung ... 156
9.4.1 Die einzelne Vorderbeinhebung in drei Führphasen ... 156
9.4.2 Vorderbeinhebungen in bestimmten Rhythmen ... 159
9.4.3 Von der Gertenhilfe zur Zügelhilfe ... 161
9.5 Zum Steigen ... 164
9.5.1 Körperliche und erzieherische Voraussetzungen ... 164
9.5.2 Die Hilfen ... 165

Verzeichnis verwendeter Fachliteratur ... 169

Abbildungsnachweis ... 171

1 Zum Thema

In den letzten Jahren ist das Interesse von Pferdebesitzern, mit ihren Pferden zirzensische Lektionen (auch Showtricks oder Zirkuslektionen) zu erlernen, stetig gewachsen. Doch gibt es nur wenig Literatur darüber, die nicht lediglich Appetit macht, sondern sich auch mit der Frage "Wie trainiert man diese Tricks?" beschäftigt.

Schon 1979 beschreibt Marlit Hoffmann, wie man den "Knicks" nach der Zirkusmethode mit zwei Beinlongen ausbildet. Wolfgang Lesser (1992) gibt in einem Artikel einen Überblick über verschiedene Methoden, Pferde zu legen: von der von ihm als "wenig elegant und etwas brutal" bezeichneten Praxis der Kavallerie über die Zirkusarbeit mit zwei Longen bis hin zu seiner eigenen über den Weg des Wälzens und der Belohnung mit Futter. Alfred Schauberger/Eva Wiemers (1994/1995) bereiten die Ausbildungsmethoden des Zirkus in kleinen Broschüren als Begleitliteratur für ihre Kurse auf. Den ausführlichsten Überblick über die Welt der Showtricks und übliche Ausbildungspraktiken finden wir bei Bernd Otto (1996) in seinem "Showtricksjournal". Bei der Besprechung dieser Methoden weist er dankenswerterweise auf die hohen Anforderungen an den Ausbilder und die Gefahren einer solchen Ausbildung hin und will sie dementsprechend am liebsten nur in den Händen von Fachleuten sehen. Das Buch "Fredy Knie" von Sigrid Eicher/Elisabeth Weiland (1994) widmet sich schwerpunktmäßig der zirkustypischen Grundausbildung und den Ausbildungsprinzipien der Familie Knie. Von den zirzensischen Lektionen wird exemplarisch nur das Steigen in Text und Bild genauer besprochen.

Allen diesen Werken ist gemeinsam, daß sie sich als Lehrtexte nur bedingt eignen, da es entweder an der Ausführlichkeit mangelt oder aber schon sehr viel Können vorausgesetzt wird. Für den interessierten Reiter, der zusammen mit seinem Pferd einen Einstieg in diese Materie sucht, aber noch keine Vorkenntnisse besitzt, sind sie daher kaum eine Hilfe.

"Nathalie Penquitts Pferdeschule" (1996) will dagegen praktisch anwendbares Basiswissen vermitteln. Gleichzeitig allerdings wendet sich dieses Buch (und die öffentliche Meinung?) aus Angst vor Mißbrauch und vor Gewaltanwendung bewußt von der Beinlonge als Mittel der Ausbildung ab und verläßt sich ganz auf Lob, Futter und gänzlich freiwillige Mitarbeit des Pferdes. Auf dieser Linie liegt auch Horst Becker (1997). Solche Autoren und Ausbilder nehmen in Kauf, daß nur eine geringe Zahl besonders geeigneter Pferde zum Erfolg geführt werden kann (vgl. hierzu Kapitel 4 und 8.1.1).

Immer mehr Pferde sind inzwischen in zirzensischen Lektionen ausgebildet oder "angebildet". Was für ein Schicksal steht solchen Pferden bevor, wenn sie verkauft werden und in Hände geraten, die sich nie mit diesem Spezialtraining befaßt haben? Wenn die unbeabsichtigte Berührung einer Touchierstelle beim Pferd eine Reaktion auslöst, für die es, anstatt die von ihm erwartete Belohnung zu bekommen, wie für eine Untugend bestraft wird?

Da die Ereignisse nun schon ins Rollen gekommen sind und die Zirkuslektionen den engen Kreis der Eingeweihten verlassen haben, ist es somit höchste Zeit, jeden, der mit Pferden umzugehen hat, zumindest theoretisch mit den Grundzügen dieses Spezialgebietes bekannt zu machen und für ihn möglichst alle erreichbare Information in einem Werk zusammenzutragen.

Längst hat es sich gezeigt, daß Bedeutung und Nutzen dieser Ausbildung weit über den bloßen Show-Effekt hinausweisen und für jeden Pferdealltag gymnastisch und seelisch vorteilhaft sein können. Deswegen muß für diejenigen, die sich selbst praktisch mit zirzensischen Lektionen befassen wollen, ein Ausbildungsweg gewählt und vorgestellt werden, der trotz leichter Nachvollziehbarkeit erfolgversprechend ist und der auch mit gutem Gewissen von Nichtfachleuten beschritten werden kann. Gleichzeitig soll er aber auch anspruchsvolle Perfektionisten befriedigen. Kurzum, wir suchen Freude, Nutzen und verläßliche Ergebnisse bei geringstem Risiko.

Das versuche ich mit meinem Buch. Dadurch wird es auch gleichzeitig zu einem Brückenschlag zwischen den beiden Lagern (denn, wie bei Eicher S. 32 bemerkt, "nicht alle Zirkuspferde werden so ausgebildet wie die der Knies"). Ich verwende die Beinlonge nicht mehr, wie es Horst Stern in seinem Film "Bemerkungen über das Pferd im Zirkus" schonend formuliert, um "den Pferden sanft die Beine unter dem Bauch wegzuziehen", sondern als Stütze und Balancehilfe. Strategisches Füttern zeigt den Weg zur angestrebten Körperhaltung und ist somit mehr als bloße Belohnung. Das so oft praktizierte Rückwärts- und Hinunterziehen des Pferdes mittels Reitzäumung wird unnötig, wenn man die Pferde wie in Kapitel 5 beschrieben vorbereitet. Die Kombination genau dieser Vorübungen hat sich in zahlreichen Kursen mit fremden Pferden und deren Besitzern als diejenige herauskristallisiert, die im Pferd am ehesten eine Vorstellung von dem erweckt, was wir uns von ihm wünschen. So hat es von Anfang an eine echte Chance zu freiwilliger Mitarbeit und wird nicht etwa nur im nachhinein durch Futter mit seiner Behandlung ausgesöhnt. Es sind besonders diese Ergebnisse meiner Arbeit mit Hunderten von Kurspferden und mit Besitzern, die fast immer "Neueinsteiger" sind, die ich nun gerne einem breiten Publikum vorstellen möchte, um Mut zum Einstieg zu machen. Das Buch wird Ihnen zeigen, wie leicht oder wie schwierig eine Ausbildung in Zirkuslektionen wirklich ist und Ihnen Entscheidungshilfe sein, wenn Sie sich Ihr Ziel setzen.

In diesem Buch lege ich Ihnen ein *Ausbildungssystem* vor: einen in sich schlüssigen Ausbildungsgang mit einer sich folgerichtig entwickelnden Hilfengebung. So haben Pferd und Mensch die Garantie, bei fortschreitender Ausbildung nicht umlernen zu müssen, denn jeder weitere Schritt baut auf dem vorher Gelernten auf. Erst so wird, was oft nur ein vereinzelt zu findendes Wissen um Tricks war, zu einem lehrbaren und erlernbaren Fach.

Ich verwende den Begriff Zirkuslektionen nur für jene traditionell im Zirkus zu findenden Pferdedressurakte, deren Ausbildung für jedes Reitpferd oder Fahrpferd in psychologischer und gymnastischer Hinsicht gewinnbringend eingesetzt werden kann. Diesen Zirkuslektionen wünsche ich, daß sie ihren Platz und Stellenwert in einer pferdegemäßen Allround-Ausbildung unseres Freizeitpartners finden. Dazu zähle ich die Lektionen Kompliment, Knien, Liegen, Sitzen, Spanischer Schritt und Steigen.

Andere zirkustypische Dressurelemente (Apportieren, Kopfschütteln, -nicken, -stoßen, Lachen) sind klassische Showtricks und haben darüberhinaus keinen allgemein-erzieherischen Wert. Wer sich nicht ganz speziell ein Trickpferd ausbilden will, sollte die Vor- und Nachteile, die eine solche Ausbildung mit sich bringt, gut abwägen. Sicherlich können wir uns für den Alltag mit unseren Pferden für sie und für uns viel Spaß und Abwechslung davon versprechen. In nichtprofessioneller Hand gerät aber ein Showtrick allzu leicht lediglich zu einer Untugend des Pferdes (unerwünschtes Kopfschütteln beim Putzen oder Auftrensen, Kopfschlagen, bei Apportierern vielleicht Bissigkeit oder Zerreiß-Freude). Außerdem muß man ein Trickpferd in Stall und Koppel so unterbringen können, daß es nur mit Menschen Umgang hat, die in dieser Spezialausbildung bewandert sind, damit Mißbrauch oder gar Unglücke nicht provoziert werden.

2 Die Voraussetzungen

Zirkuslektionen sind nichts für Neulinge im Umgang mit Pferden. Auch wer sonst nur Erfahrungen mit schon ausgebildeten Pferden gemacht hat, sollte sein Pferd vielleicht lieber vom Fachmann anlernen lassen, um sich später in die Handhabung einzuleben.

Von großem Nutzen ist es, wenn Ausbilder und Pferd schon Kenntnisse in irgendeiner Form der Bodenarbeit haben. Solcherart geschulte Pferde haben bereits gelernt, hinzuhören und hinzusehen, langsam und konzentriert zu arbeiten und auf die Signale des Ausbilders zu warten. Auch der Ausbilder ist dann mit dem sehr dichten Arbeiten am Pferd vertraut und kann sich auf sein geschultes Auge und gegebenenfalls auf seine schnelle Reaktion verlassen. Die Trainer sollten eine gehörige Portion Motivation und Bereitschaft zur Selbstkritik mitbringen, denn oft bieten uns die Pferde eine richtige Reaktion schneller als erwartet an, während der Trainer noch Probleme mit der eigenen Bewegungskoordination und der Präzision seiner Hilfengebung hat. Im Interesse des Pferdes muß man dann auch schon einmal über den eigenen Schatten springen und sich den ungewohnten Bewegungsabläufen stellen. Konsequente Arbeit an sich selbst ist vor allem deswegen so wichtig, weil wir mit der Ausbildung eines Pferdes in den Lektionen "zu Boden" (Kompliment, Knien, Liegen) ganz unmittelbar in sein Seelenleben eingreifen.

In Kapitel 5 beschreibe ich wertvolle Vorübungen für Ihr Pferd und für Sie selbst.

Man kann diese Ausbildung schon mit zweijährigen Pferden beginnen, vorausgesetzt, sie haben im Kontakt mit Menschen ausreichend Grundvertrauen erworben. Nach oben sind altersmäßig keine Grenzen gesetzt außer solchen, die gesundheitlich bedingt sind. Hier muß im Einzelfall entschieden werden, ob Zirkuslektionen schaden oder aber vielleicht sogar eine Besserung herbeiführen könnten (z.B. bei Rückenproblemen). Die günstigsten Jahre liegen zwischen zwei und sechs, weil in dieser Zeit Spieltrieb und Lernfähigkeit besonders stark ausgeprägt sind. Ältere Pferde sind körperlich nicht mehr so beweglich. Solange sie sich allerdings noch ohne Schwierigkeiten legen oder sogar gerne wälzen, braucht man sich keine Sorgen bezüglich ihrer Gesundheit, ihres Gleichgewichtes und ihrer Wendigkeit zu machen. Einem jüngeren Pferd fehlt vor allem die nötige seelische Reife für diszipliniertes Lernen, das Konzentrationsvermögen ist noch zu gering.

Das Pferd sollte sich überall an seinem Körper vertrauensvoll berühren lassen, die Hufe geben, sich anbinden lassen, still stehen können, einen Gurt um den Bauch dulden, sich von links und von rechts führen lassen und keine Angst vor der Gerte haben. Vor allem sollte es die dazugehörigen Stimmkommandos kennen. Sehr schön ist es, wenn es außer Worten des Lobes und des Tadels (gut, brav, na usw.) schon die emotionslos zu verwendenden Worte "Ja" und "Nein" kennt, mit denen wir ihm auf seiner Suche nach den richtigen Lösungen Rückmeldung geben wollen (vgl. Kap. 6.2).

Grundsätzlich können Pferde aller Rassen Zirkuslektionen erlernen. Entsprechend ihrer rassetypischen Veranlagung werden ihnen einzelne Lektionen leichter oder schwerer fallen. So wird Pferden mit hohem Blutanteil der Spanische Schritt oder das Steigen temperamentsmäßig eher liegen als solchen mit Kaltbluteinschlag. Umgekehrt verhält es sich mit dem Liegen und Sitzen. Beim Kompliment konnte ich keine nennenswerten Unterschiede feststellen. Das Knien fällt wendigen Pferden mit von Natur aus gut gewinkelter Hinterhand leichter als schulterlastigen Pferden, und sie führen es daher auch bereitwilliger und eleganter aus. Langbeinige Pferde tun sich körperlich und seelisch schwerer, zu Boden zu gehen, als kleinere Pferde.

Pferde mit Kaltbluteinschlag lernen anders als vollblütige Pferde. Oft brauchen sie länger, bis sie eine neue Lektion begriffen haben - sie denken langsamer und werden ängstlich, wenn man sie unter Zeitdruck setzt. Dafür denken sie gründlich, und sobald sie begriffen haben, sind sie konzentrierte, beständige und selbstbewußte Partner.

Auch Pferde mit stark ausgeprägtem Fluchttrieb können lernen, zu liegen und zu sitzen. Es wird bei ihnen eventuell erheblich länger dauern, und der Ausbilder muß besonders behutsam sein. Umso größer ist dann der Gewinn auf der psychischen Ebene. Auch kaltblütige Pferde können lernen, sich auf die Hinterbeine zu erheben. Oft tut gerade ihnen eine Ausbildung gut, die ihnen etwas Pfeffer gibt. *Die Bewegungen, die zu den entsprechenden Lektionen führen, sind gymnastisch für alle Pferde wertvoll.*

Das Endziel werden allerdings nur solche Pferde erreichen, denen die Lektion von ihrer Veranlagung her auch liegt. Es wird also bei einer Show vielleicht nur ein Tinker, ein Haflinger, ein Norweger oder ein Freiberger wirklich verläßlich liegen und sitzen, und zum Steigen ist eben eher ein Araber geboren, zum Spanischen Schritt ein Andalusier, ein Lusitano, ein Friese.

Selbstverständlich spielt auch die individuelle Veranlagung eine Rolle. Nicht immer gefällt einem Pferd eine Übung, von der wir glauben, es sei körperlich oder seelisch dafür besonders geeignet. Daher lohnt es sich, sein Pferd gut zu beobachten. Besonders sein "Freizeitverhalten" wird Ihnen wertvolle Aufschlüsse über seine Veranlagung geben:

Dürfen Sie sich Ihrem liegenden Pferd nähern, es streicheln, genießt es diese Zweisamkeit mit Ihnen? Oder läßt es sich bei seinen Ruhepausen nie "erwischen"? Verharrt es beim Aufstehen aus dem Liegen gerne längere Zeit halb aufgerichtet mit vorgestreckten Vorderbeinen, oder springt es sofort ruckartig auf? Ist es wendig, oder verrichtet es bestimmte Bewegungen (Legen, Wälzen) eher umständlich? Nimmt es herumliegende Gegenstände gerne mit dem Maul auf oder trägt sie gar herum? Oftmals zeigen gerade die unerwünschten Verhaltensweisen eines Pferdes an, daß es intelligent und kreativ ist und sich nach neuer Beschäftigung sehnt: Öffnet es alle Türen oder löst jeden Knoten? Entzieht es sich immer wieder gekonnt einer ungeliebten Beschäftigung? Aus solchem Verhalten Ihres Pferdes können Sie wertvolle Rückschlüsse auf seine geistige Regsamkeit ziehen und lernen ebenso, seine innere Ruhe einzuschätzen.

Zu Beginn der Ausbildung müssen Sie auch für eine geeignete Unterrichtsumgebung sorgen.

Wer Neues lernen soll, muß sich konzentrieren können. Da eignet sich am besten eine Reithalle, die ablenkende Außenreize abhält. Selbstverständlich sollte während der "Zirkusstunde" am Anfang kein Reitbetrieb sein. Auch der übliche Hallenboden ist ideal. Sand, selbst wenn er nicht festgebacken ist, kann je nach Körnung zu scharf sein. Rasen oder Wiese sind für das Anfängerpferd ebenfalls meist zu hart. Ein Roundpen mit Sichtschutz eignet sich auch sehr gut. Man hat nur leider nicht die Möglichkeit, sein Pferd entlang einer Begrenzung gerade aufzustellen. Longierzirkel und Reitplätze im Freien bieten oft geeigneten Untergrund, erschweren aber das Üben, weil die Pferde leichter abgelenkt werden können. Daher eignen sie sich eher für Pferde, die nicht mehr ganz blutige Anfänger sind. Üben Sie möglichst nicht in Umgebungen, die zur Privatsphäre des Pferdes gehören, also nicht auf seiner Weide oder in seiner Koppel, erst recht nicht in seiner Box.

3 Der Nutzen

Pferde können von einer Ausbildung in Zirkuslektionen in mancherlei Hinsicht profitieren.

Viele Pferdebesitzer suchen zunächst einmal nur ein weiteres Betätigungsfeld für sich und ihr Pferd, um mehr Abwechslung in den Reit- oder Fahralltag zu bringen. Oder sie versprechen sich Spaß und Freude davon, ein Pferd zu haben, welches liegt und sitzt und kleine Kunststückchen macht.

Neben Spaß und Abwechslung kann eine Ausbildung in Zirkuslektionen aber noch mehr und vor allem viel Wichtigeres bewirken.

Da ist zuerst der gymnastische Nutzen für das Pferd zu nennen. Übungen wie Kompliment und Knien dehnen und kräftigen genau jene Körperteile, die beim Reitpferd am stärksten beansprucht werden. Dies gilt nicht nur für die großen Muskelgruppen des Rückens und der Hinterhand, sondern auch die Muskulatur von Brustkorb, Schulterblatt und Vorderbeinen wird durch das Stützen (Herunter) und Stemmen (Hinauf) gestärkt. Durch regelmäßiges Training erhalten auch Sehnen und Bänder die richtige Elastizität und Spannung. Der Bewegungsablauf wird harmonischer, und Verletzungen an Sehnen und Gelenken der Vorderbeine wird vorgebeugt. Das Aushalten in diesen Lektionen kräftigt vor allem die Bauchmuskulatur, die das Reitpferd so dringend benötigt, um die Rückenmuskulatur zu unterstützen und dadurch vor allem die Bandscheiben der Brustwirbelsäule vor zu frühem Verschleiß zu bewahren. Gleichzeitig wird die Muskulatur der gesamten Oberlinie gründlich gedehnt, wodurch Verspannungen der Rückenmuskulatur gelöst werden oder gar nicht erst auftreten. Eine ausreichende Dehnung begünstigt die Durchblutung und den Stoffwechsel der Muskulatur und verbessert die Kraftentfaltung. Im Flachliegen kann die völlige Entspannung des ganzen Körpers erreicht werden. Hinlegen und Aufstehen aus dem Sitzen erfordern allergrößten Kraftaufwand.

Komplimente rechts und links und das Knien eignen sich ausgezeichnet zur Schulung des Gleichgewichts. Das Pferd lernt, sich in seiner Längsachse gerade zu halten, um auf schmaler Linie balancieren zu können. Während der Bewegungsabläufe trainiert es das flüssige Ausbalancieren des Körpers über der Vorhand (Schwerpunktverlagerungen vorwärts und rückwärts). Es schult dabei seine Reflexe, um seinen Schwerpunkt - notfalls schnell genug - über seine Unterstützungsfläche verlagern zu können.

Die mit einer Motorkamera aufgenommenen Fotos auf der folgenden Bildtafel halten einzelne Bewegungsphasen der Lektionen Knien und Kompliment fest. Da das Pferd frei arbeitet, sind die Körperhaltungen, die es einnimmt, vom Ausbilder nicht beeinflußt.

Die beiden obersten Abbildungen zeigen Gloria, die sich anschickt zu knien. Deutlich erkennt man die schon in der Vorbereitungsphase gedehnte Oberlinie, dann das Ausbalancieren des Körpers auf sehr kleiner Unterstützungsfläche bei stark engagierter Hinterhand.

Die mittleren und unteren Fotos zeigen das Kompliment. Während Gloria zum Knien die Hinterbeine vorab nach vorne unter den Bauch stellt, bleiben sie beim Kompliment in Normalposition oder werden sogar etwas nach hinten herausgestellt. Die rückwärts stemmende Vorhand schiebt sodann den Körper über die stehenbleibenden Hinterbeine, die sich mit wachsender Lastaufnahme beugen. Sie werden erst wieder etwas mehr gestreckt, wenn im fertigen Kompliment die Vorhand wieder mehr Gewicht übernimmt, als sie während der Abwärtsbewegung trägt. Zur Entlastung der Vorhand wird der Hals verkürzt. Während des gesamten Bewegungsablaufes bleibt die Muskulatur von Hals, Rücken und Kruppe deutlich gedehnt.

Ein junges Pferd kann so schon vor dem Einreiten lernen, die Formgebung von Hals und Oberlinie ökonomisch und strategisch einzusetzen. Durch Hankenbiegungen auf der Stelle kräftigt es alle Teile seiner Hinterhand ohne die Belastung durch den Vorwärtsschub und lernt das Tragen seines Eigengewichtes von hinten. Der gut gymnastizierte lange Rückenmuskel und alle koordinierenden Muskeln werden optimal auf die von einem Reit- und Fahrpferd verlangten Bewegungsabläufe vorbereitet.

Auch für die Arbeit mit älteren Pferden, deren Bewegungsabläufe gestört sind oder die aus Gesundheitsgründen vorübergehend nur schonend bewegt werden können, sind diese Zirkuslektionen eine wertvolle Gymnastik, um die Beweglichkeit zu fördern, die richtige Muskulatur aufzubauen und die Kondition zu erhalten, wenn das Training behutsam gestaltet wird.

Bildtafel zum Knien und zum Kompliment

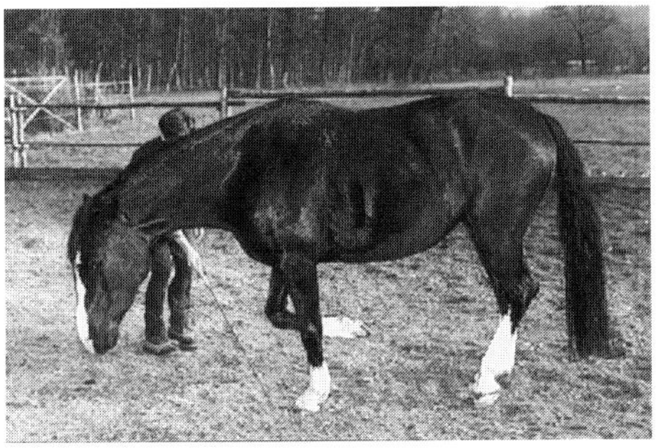

Abb. 1

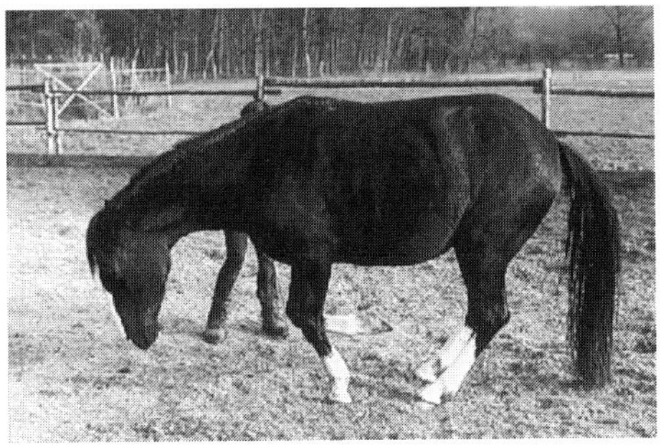

Abb. 2

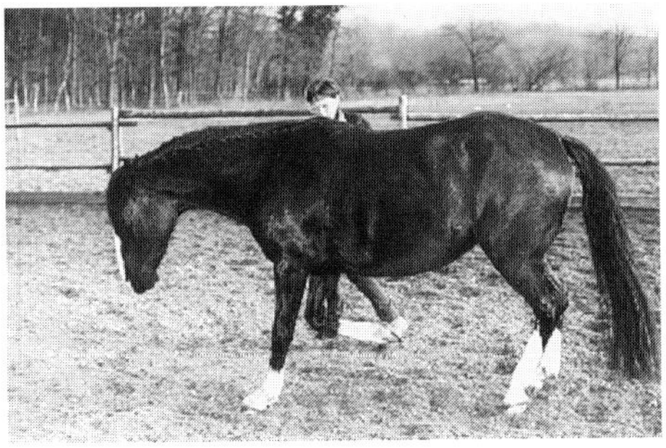

Abb. 3

Abb. 4

Abb. 5

Abb. 6

Zirkuslektionen unterstützen nicht nur die körperliche Entwicklung, sondern sie haben auch großen Einfluß auf die Psyche des Pferdes.

Zunächst einmal wirken sie wie alle Bodenarbeit vertrauensbildend, und sie fördern die Lernfähigkeit des Pferdes. Durch die Bewältigung immer wieder neuer kleiner Aufgaben entwickelt das Pferd Geschicklichkeit in der Suche nach den vom Trainer gewünschten Reaktionen. Ein kleines Erfolgserlebnis nach dem anderen sorgt für Freude beim Lernen. Während im Lernen ungeübte Pferde oft schon nach wenigen vergeblichen Versuchen aufgeben, steigern im Lernen geübte Pferde dann, wenn sie "falsch geraten" haben, sogar noch ihre Bemühungen. Insofern fördern Zirkuslektionen die geistige Regsamkeit und entwickeln die Konzentrationsfähigkeit. Die Pferde lernen "hinzuhören". Solche Pferde bleiben bis in ein hohes Alter hinein fähig, Neues zu erlernen. Sie verlangen sogar danach.

Da die hier behandelten Zirkuslektionen sich eng an Bewegungen anlehnen, die das Pferd auch auf der Weide oder im freien Herdenleben zeigt, ist es für ein Pferd viel "einleuchtender", sie zu erlernen als beispielsweise das Gerittenwerden. Jeder kennt das Pony, das sich auf ein Vorderbein "kniet", damit es besser unter dem Zaun hindurch fressen kann. Das Niederknien auf einem oder beiden Vorderbeinen finden wir im spielerischen Hengstkampf, wenn ein Pferd sich vor den Bissen des Widersachers in die Beine schützen will. Das Ausschlagen mit dem Vorderbein sowie das Steigen gehören zum Imponiergehabe und zum Hengstkampf. Alle diese Bewegungsabläufe werden von den Jungpferden im Spiel trainiert. Wenn auch bestimmte Verhaltensweisen typisch für Hengste sind, so sieht man sie doch durchaus auch bei spielenden Jungstuten.

Aufgrund dieser Nähe zum natürlichen Verhalten haben vor allem junge, noch sehr verspielte und bewegliche Pferde kaum Barrieren zu überwinden, um Zirkuslektionen zu erlernen. Meistens entwickeln sie sehr schnell eine große Begeisterung dafür, da sie hierbei ihr natürliches Bedürfnis nach diesen Bewegungen befriedigen können. So erzogene Pferde sind anschließend gewissermaßen selbst-motiviert. Zirkuslektionen erziehen ein Pferd zu einem kooperationsfreudigen Partner.

Abhängig von der "Bedeutung" einer Lektion im natürlichen Sozialverhalten können Zirkuslektionen später eingesetzt werden, um psychische Aspekte einer Situation zu beeinflussen. So kann z.B. der Spanische Schritt, hergeleitet vom Ausschlagen mit dem Vorderbein als Imponiergeste, als Kunstform dem gelenkten Abbau von aggressiver Stimmung dienen. Momentan lustlose Pferde kann man damit zu energischer Mitarbeit anregen. Das Kompliment, abgeleitet von einer defensiven Geste, eignet sich zur schmerzlosen Korrektur von allerlei Ungehorsam. Ganz allgemein sind sämtliche Lektionen, bei denen das Pferd zu Boden geht, zur Klärung der Dominanzfrage unvergleichlich wertvoll, weil das Pferd sie akzeptieren kann, ohne in seiner Würde verletzt zu werden, da sie auf seinen natürlichen Verhaltensweisen aufbauen. Gleichzeitig kehrt mit ihnen Ruhe und Konzentration in die fluchtbereite Seele ein. So machen Zirkuslektionen das Pferd auch zu einem kooperationsfähigen Partner.

4 Die Methoden

Bei der Ausbildung eines Pferdes in Zirkuslektionen benötigen wir: Futter zur Belohnung, nach Möglichkeit einen Helfer mit Fachkenntnissen, viel Zeit, Geduld und Selbstdisziplin, eine Beinlonge (eine Longe, mit der man ein Pferdebein hochhält, vgl. Kap. 5.6) und eine Touchiergerte.

Beginnen wir mit dem kontroversesten dieser Themen - dem Arbeiten mit der Beinlonge.

Natürlich gehört sie nicht in die Hände Unberufener. Es gilt bei der Beinlonge dasselbe wie bei allen anderen Hilfsmitteln auch, seien es Schlaufzügel, Sporen, Gerten und Gebisse - man kann sie als Mittel zur Vergewaltigung einsetzen oder aber als eine Hilfe für das Pferd.

Natürlich versucht man als verantwortlicher Ausbilder, nur solche Ausbildungsweisen zu lehren, die von den Schülern auch gefahrlos umgesetzt werden können. Dabei ist es sicher besser, Dinge, die es ohnehin gibt (die Verwendung von Fußlongen ist alte Zirkustradition) beim Namen zu nennen und sich für ihre sachgemäße Verwendung einzusetzen, als ihre Verwendung abzulehnen mit dem Hinweis auf die Möglichkeit des Mißbrauchs. Mit meinem Text wende ich mich an mündige Schüler, die bereit sind, sich und ihr Pferd mit der pferdegemäßen Anwendung der Beinlonge vertraut zu machen.

Die Praxis zeigt übrigens immer wieder, daß der Umgang mit der Touchiergerte weit größere Probleme aufwirft als der mit der Beinlonge.

Geht es auch ohne Beinlonge? Ja - bei manchen Pferden. Bei den meisten nicht. Zunächst einmal ist nicht jedes Pferd so verfressen, daß es diese anstrengende Art, zu einem Leckerbissen zu kommen, akzeptiert. Hauptsächlich handelt es sich aber um Balanceprobleme, wenn ein Pferd nur über das Führen des Beines mit der Hand oder über das Füttern den Weg nach unten nicht findet. Das Pferd hat ganz einfach Angst, umzukippen. Dies trifft umso eher zu, je größer das Pferd ist.

Hier sind wir beim Hauptargument für den Gebrauch der Beinlonge: *Die Beinlonge ist in allererster Linie eine Balancehilfe.* Für die meisten Pferde ist es ein großes Problem zu begreifen, wie sie auf nur drei Beinen ihren Körper rückwärts schieben sollen, bis sie auf dem angewinkelten Bein wieder Boden finden, ohne dabei das Gleichgewicht zu verlieren. Die

Beinlonge nun trägt das Pferd nach unten. In den entsprechenden Wiegeübungen erfährt das Pferd, daß es nicht geworfen werden soll, sondern von seinem Menschen getragen wird. Indem es sich, so gestützt, Stück für Stück auf den Weg nach unten begibt, erwirbt es sich fließend die richtige Balancetechnik und dehnt allmählich die entsprechende Muskulatur. Die meisten Pferde haben, wenn sie unten ankommen, schon fast zur perfekten Haltung gefunden. Das kann zwei Tage, aber auch sechs bis acht Wochen dauern.

Eine gute Balance ist die Voraussetzung dafür, daß ein Pferd eine Lektion überhaupt sauber ausführen kann. Man kann z.B. nicht von seinem Pferd verlangen, daß es im Kompliment oder im Knien eine Weile unten bleibt, wenn ihm diese Haltung unbequem ist oder gar Schmerzen bereitet, oder wenn es umfallen würde. Nicht immer ist ein Pferd ungehorsam, wenn es den Boden nur kurz berührt und sofort wieder aufsteht. Häufig hat es nur nicht gelernt zu balancieren. Auch die leider so häufig anzutreffenden schlecht gestreckten Komplimente zeugen von mangelhafter Dehnung und ungenügender Kräftigung der entsprechenden Partien - oder von der Bequemlichkeitsliebe des Pferdes, dessen Trainer nicht auf eine korrekte Ausführung geachtet hat. Dank der Beinlonge kann man schon ab Beginn der Ausbildung auf sauberer Ausführung und pünktlichem Gehorsam bestehen, ohne dem Pferd gegenüber ungerecht zu sein.

Da ich die Meinung vertrete, daß die von mir oben definierten und entsprechend ausgebildeten Zirkuslektionen von außerordentlich großem körperlichen und seelischen Nutzen für das Reitpferd sind, stehe ich auch hinter einer Ausbildung mit der Beinlonge. *Erst die Beinlonge ermöglicht es jedem Pferd (und nicht nur dem mit besonderer Eignung), in den Genuß dieser bedeutenden Gymnastik zu kommen.*

"Beinlongenfrömmigkeit" hat natürlich auch den angenehmen Nebeneffekt, daß unser Pferd in Zukunft auch in anderen Situationen, in denen es nicht mehr über die volle Freiheit seiner Beine verfügt, nicht sofort in Panik gerät.

Bei einer ausreichenden Gewöhnung des Pferdes an die Beinlonge - das dauert bei Pferden, die noch keine schlechten Erfahrungen gemacht haben, höchstens eine halbe Stunde - und bei sachgerechter Anwendung benötigen Sie als Trainer kaum Kraft, und Sie üben nicht mehr Zwang aus, als wenn Sie Ihrem Pferd abverlangen, sich gehorsam die Hufe auskratzen zu lassen. Gewaltakte sollten nicht vorkommen.

Vertrauen in die Beinlonge

Diese Fotos zeigen Maya, zwei Monate nach ihrer Ankunft aus Irland, 3 1/2 Jahre alt und noch nicht geritten.

Abb. 7
Das Hochnehmen des Vorderbeines mit der gepolsterten Longe bis zur waagerechten Haltung des Röhrbeines.

Abb. 8
Die rechte Hand gibt am Zügel den Rückwärtsimpuls und sorgt für die richtige Gewichtung, jederzeit bereit, mit dem Handballen zu stützen
(vgl. Kap. 8.1.1)

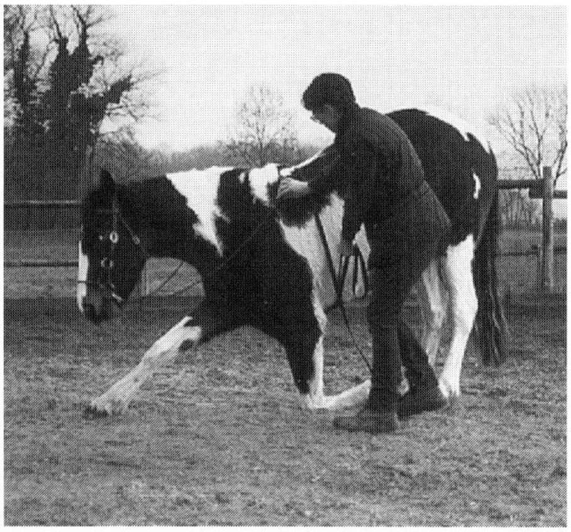

Abb. 9
Gelandet - sofort wird die Beinlonge gelockert. Dieses und das nächste Bild zeugen nicht nur von guter Balance vom Moment der Landung an,...

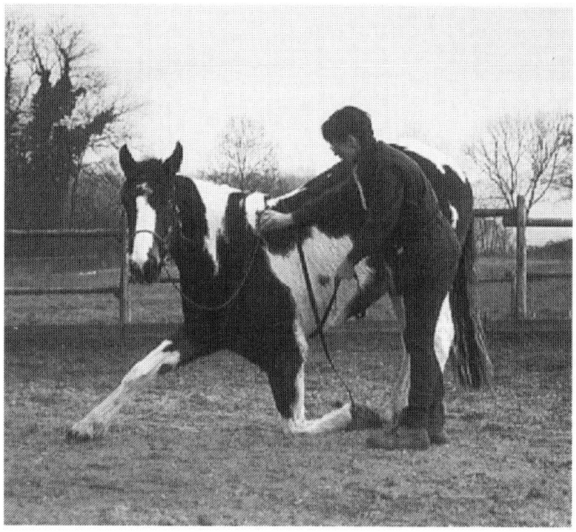

Abb. 10
sondern geben auch Zeugnis von großer innerer Zufriedenheit.

Bei außergewöhnlicher Widersetzlichkeit eines Pferdes liegt das Problem nicht in der Beinlonge, sondern in seiner vorangegangenen Erziehung. Bei den dann zu ergreifenden Maßnahmen handelt es sich auch nicht mehr um die Ausbildung von Zirkuslektionen, sondern um Korrekturmaßnahmen. In solchen Fällen sollte man sich dafür entscheiden, die fehlende Erziehung zu vertrauensvollem Gehorsam mit konventionellen Methoden nachzuholen.

In Kapitel 5.6 werde ich näher auf die Anwendung der Beinlonge eingehen. So können Sie sich schon mit den Handgriffen vertraut machen und sich auf den praktischen Unterricht vorbereiten. Um die Beinlonge aber im Einzelfall richtig dosiert und richtig kombiniert mit anderen Einwirkungen anwenden zu können, ist schon etwas praktische Erfahrung nötig, und fachmännische Anleitung ist sicher sinnvoll.

Auch bei der anschließenden Umstellung von der Beinlonge auf Touchierhilfen mit der Gerte bedarf es manchmal der Hilfe. In Kapitel 5.4 erfahren Sie, wie Sie Ihr Pferd schon während der Vorübungen mit den zukünftigen Gertenhilfen vertraut machen können.

Man begegnet auch dem Einsatz von Futterbrocken als Mittel der Dressur gelegentlich mit Mißtrauen. Manche Pferdebesitzer befürchten, ihr Pferd damit zum Schnapper zu erziehen. Leider kann ich nicht leugnen, solchen Szenen zu begegnen, doch vermutlich fehlt es dort auch sonst am nötigen Respekt.

Das Belohnen mit Leckerbissen ist nicht nur alte Zirkustradition, sondern wurde schon zu allen Zeiten von Ausbildern mit Gefühl für die Pferdeseele eingesetzt. Besonders dann, wenn sich das Tier bei der Ausbildung und erst recht später bei der Aufführung außerhalb der unmittelbaren Reichweite des Trainers befindet, ist es allein die Gewißheit, sich den Belohnungshappen zu verdienen, die es zur verläßlichen Mitarbeit anspornt. Sie machen also die Arbeit in Zirkuslektionen zum Lieblingsfach Ihres Pferdes, wenn Sie es überwiegend hierbei füttern und beim Reiten oder Fahren wie bisher durch Streicheln oder mit der Stimme loben.

Futter bei der Ausbildung hat aber nicht nur motivierende Bedeutung, sondern wird auch strategisch eingesetzt. Zunächst einmal wirkt es entspannend, denn ein kauendes Pferd hält seine Muskulatur nicht fest. Umgekehrt gibt uns das Füttern Rückmeldung über die seelische Verfassung des Pferdes. Wenn ein Pferd "genug hat", verweigert es fast immer die Futteraufnahme. Ferner kann man je nach dem, wie und wo man den

Leckerbissen hinhält, dem Pferd auf der Suche nach der geeigneten Körperhaltung helfen. Bei fortgeschrittenen Pferden füttert man nur noch dann, wenn man Leistungshöhepunkte kennzeichnen will und zeigt so seinem Pferd, daß es soeben ganz besonders großartig war.

Strategisches Füttern...

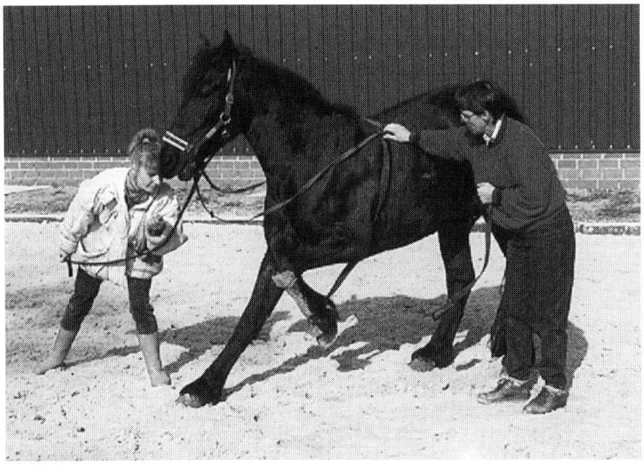

Abb. 11
hilft dem Pferd, den Weg nach unten zu finden,

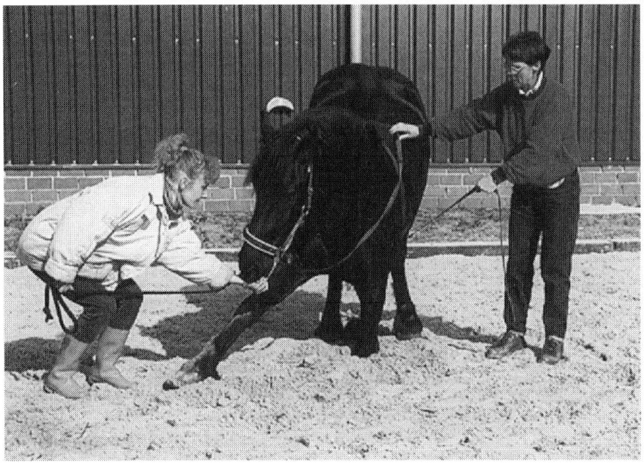

Abb. 12
so daß die Zügel locker bleiben können.

Besonders gierige Pferde lassen sich anfangs leicht von ihrer Aufgabe ablenken, wenn sie nur noch Auge und Ohr für die Futtertüte haben. Im Hinblick auf die späteren Vorteile lohnt sich aber auch bei ihnen der Aufwand einer Erziehung zu entsprechendem Anstand.

Auf Kursen kristallisieren sich immer sehr bald ganz bestimmte Aufgaben heraus, die von einzelnen Teilnehmern mit großem Geschick wahrgenommen werden. Zu diesen gehört auch das Füttern. Ein versierter "Fütterer" beeinflußt den Ausbildungsgang des Pferdes genauso wie der eigentliche Trainer.

Hiermit sind wir beim nächsten Thema angekommen: Ist es gut, bei der Ausbildung mit Helfern zusammenzuarbeiten? Arbeite ich lieber alleine, um ungestört und wie gewohnt mit meinem Pferd kommunizieren zu können?

Das Arbeiten mit einem Helfer hat immer den Nachteil, daß das Zusammenwirken der Hilfen genau abgestimmt werden muß, und das ist meist nicht einfach. Ich arbeite lieber alleine als mit schlechten Helfern.

Andererseits ist es wunderbar, mit einem eingespielten Team arbeiten zu können. Die Ausbildungszeit kann erheblich abgekürzt werden. Vieles kann man dem Pferd besser verständlich machen. Zwei oder drei Fachleute sehen mehr als einer, und gemeinsam findet man eher die Lösung für ein Problem.

Helfer zu sein ist eine schwierige Rolle. Ein Helfer ist ein Mensch mit Fachkenntnissen, auf den man nicht verzichten kann, den man aber während der Arbeit so behandelt, als wäre er nicht da. Seine ganze Anstrengung zielt darauf, sich selbst möglichst schnell überflüssig zu machen. Keinesfalls darf er die Aufmerksamkeit des Pferdes vom Trainer ablenken. Deshalb muß er auf Distanz zum Pferd arbeiten können (vgl. Kap. 5.1). Er muß soviel von der Übungssituation verstehen, daß er auch ohne Anweisungen zweckentsprechend handeln kann, denn sonst kommt seine Einwirkung immer zu spät. Und er muß so flexibel sein, daß er sich auf die Wünsche des Trainers dennoch einstellen kann. Wenn Sie sich dafür interessieren, Ihrem Pferd selber Zirkuslektionen beizubringen, wäre es nicht schlecht, wenn Sie zuvor als Helfer Erfahrungen sammeln könnten. Als Helfer haben Sie zu fremden Pferden eine größere emotionale Distanz. Das macht es Ihnen leichter, eine Situation sachlich einzuschätzen und bei Turbulenzen den Überblick zu behalten.

Ein Anfänger kann in der Regel auch unter Anleitung nicht alleine mit dem Pferd arbeiten, weil er gar nicht in der Lage ist, alle erforderlichen Handgriffe auszuführen. Daher ist es gut, wenn auf Kursen immer zwei oder drei Leute mit einem Pferd arbeiten. So wachsen auch die Menschen

Stück für Stück und Handgriff für Handgriff in diese Arbeit hinein. Dem völligen Neuling empfehle ich sogar, an seinem ersten Kurs ohne Pferd teilzunehmen und als Team-Mitglied anfängliche Hemmungen abzulegen und erste Geschicklichkeit zu erlangen.

Wie groß wird Ihr Zeitaufwand sein, wenn Sie Ihr Pferd in Zirkuslektionen zum Erfolg führen wollen?

Ich gehe davon aus, daß wir uns alle mit unseren Pferden auch weiterhin wie gewohnt beschäftigen, sei es beim Reiten, Fahren oder bei der Bodenarbeit. Abgesehen von einer intensiveren Arbeit in der Anfangsphase einer neuen Lektion (hier möglichst zweimal täglich) empfehle ich, vier oder fünfmal in der Woche für ca. 20 Minuten an Zirkuslektionen zu arbeiten. Schließlich sind sie Gymnastik, und nur kontinuierliches Training führt zu positiven Ergebnissen. Lektionen, die ein Pferd schon beherrscht, kann man auch vor oder nach einer anderen Beschäftigung mit ihm für 5 oder 10 Minuten einfügen. Beginnen Sie nie mit einem stallsteifen Pferd. Das übliche Aufwärmen im Schritt (mindestens 10 Minuten) ist ein Muß für ein Stallpferd.

Je nach Ihrer Geschicklichkeit und der Ihres Pferdes können Sie bei diesem Zeiteinsatz damit rechnen, Ihr Pferd in ungefähr einem Jahr in den Lektionen zu Boden bis zum Sitzen zu fördern. Vergessen Sie nicht, daß Ihr Pferd in diese Arbeit hineinreifen muß. Manches erreichen Sie schneller, wenn Sie Ihr Pferd darüber schlafen lassen, als wenn Sie es in unzähligen Wiederholungen vergraulen. Üben Sie so viel, daß die Lektionen einen gymnastischen Wert haben. Üben Sie so wenig, daß Ihr Pferd danach süchtig bleibt.

5 Übungen zur gymnastischen und seelischen Vorbereitung des Pferdes

Die in den folgenden Kapiteln beschriebenen Vorübungen sind die Bausteine, aus denen sich die erste aller Lektionen "zu Boden", das Kompliment, zusammensetzt. Auf dem Kompliment wiederum bauen alle weiteren dieser Lektionen auf. Je intensiver sich Trainer und Pferd mit den Vorübungen befassen, umso sicherer gelingen später die nötigen Handgriffe, umso eher bekommt das Pferd eine Vorstellung von der Lektion und umso leichter fällt ihm die Ausführung. Bei allen Vorübungen wird noch kein Bodenkontakt angestrebt, so daß ich Ihnen mit gutem Gewissen empfehlen kann, sie sich schon vor dem Besuch eines ersten Kurses zuhause anhand dieses Lehrbuches anzueignen. Sie können dabei keine wirklich gravierenden Fehler machen, bei denen das Pferd körperlichen oder seelischen Schaden nehmen könnte. Also seien Sie mutig und experimentierfreudig!

5.1 Freies Stillstehen und Herankommen

Es ist kennzeichnend für alle Zirkuslektionen, daß unser Pferd schon beim Training, erst recht natürlich bei der Aufführung, freiwillig an Ort und Stelle bleibt. Auch solche Lektionen, die später in der Bewegung stattfinden, werden anfangs im Halten trainiert. Damit wir dabei erfolgreich arbeiten können, müssen wir das Pferd loslassen können, ohne daß es uns davonläuft.

Als erstes werden wir also mit dem Pferd das "Parken" üben. Danach erst können wir es in weiteren gezielten Vorübungen auf die erste der zu lernenden Zirkuslektionen, das Kompliment, vorbereiten.

Es reicht nicht aus, daß das Pferd am Platz bleibt und nicht wegläuft. Es darf sich auch nicht herumdrehen oder scharren. Es muß *am Punkt und auf der Linie in der angegebenen Richtung stillstehen.*

Hierfür sollten Sie zwischen zwei Wortkommandos unterscheiden: einem Kommando für das Anhalten aus der Bewegung (Halt, Ho) und einem weiteren für die Unbeweglichkeit nach erfolgter Parade (Steh, Bleib).

Für alle folgenden Übungen wählen Sie sich eine Übungsstelle: Das ist die Stelle, die Sie zum Training von Zirkuslektionen und deren Vorübungen immer aufsuchen und an die Sie immer wieder zurückkehren, wenn Ihr Pferd sich von dort unaufgefordert entfernt hat. Das Pferd erkennt diesen Platz mit der Zeit als einen Ort, an dem es für konzentrierte Arbeit belohnt wird, und es wird gerne freiwillig dort bleiben. Während der Entspannungsphasen verlassen Sie diese Stelle und signalisieren Ihrem Pferd dadurch, daß Sie es momentan aus der Pflicht entlassen. Kehrt das Pferd an diesen Platz zurück, wird es sofort innerlich zur Arbeit bereit sein.

Damit das Pferd begreift, daß es beim Stehen auch eine bestimmte Richtung einhalten soll, können Sie es anfangs entlang einer Wand (Hufschlag) oder einer anderen Begrenzung aufstellen. Besser sind ein oder zwei Helfer, weil Sie dann sofort an dem von Ihnen ausgesuchten Ort arbeiten können. Die Helfer halten mit Hilfe von Anbindestrick oder Longe das Pferd am Platz, während Sie Ihre Arbeit verrichten.

Zunächst wird das mit Trense oder Halfter ausgerüstete Pferd an der Übungsstelle aufgestellt, und Sie versuchen, in Längsrichtung an seinem Körper nach hinten zu gehen bis neben die Kruppe. Das Pferd soll dabei nicht weglaufen und sich auch nicht mit dem Körper zu Ihnen herumdrehen. Sollte es zu Beginn dieser Arbeit den Kopf nach Ihnen wenden, wenn Sie aus seinem Gesichtsfeld verschwinden, brauchen Sie das nicht zu korrigieren, solange es die Beine stehen läßt. Mit wachsendem Vertrauen wird auch sein Hals gerade bleiben, und nur noch seine Ohren sind bei Ihnen. Ihre Hand sollte beruhigend und lobend über das Fell streichen, mit der Stimme fordern Sie es zum ruhigen Stehen auf. Gelingt die Übung, gehen Sie vor zum Kopf des Pferdes und belohnen es, aber so, daß es sich dabei nicht nach Ihnen umdrehen muß, sondern gerade stehenbleiben kann. So lernt es sinngemäß: Wenn mein Trainer weggeht, und ich bleibe gehorsam am Platz, bekomme ich bei seiner Rückkehr eine Belohnung.

Beginnen Sie spätestens jetzt damit, auf Distanz zu Ihrem Pferd mit ihm zu arbeiten. Das ist hier am Anfang die Entfernung Ihres ausgestreckten Armes, so daß Ihre Hand gerade noch das Pferd erreicht. Dieser Abstand ist Ihre Individualdistanz. Je mehr Sie diese vergrößern können, umso höher ist Ihr Rang in den Augen des Pferdes.

Übung zum freien Stillstehen:

Herumgehen um das Pferd unter Einhaltung einer Distanz von Armeslänge

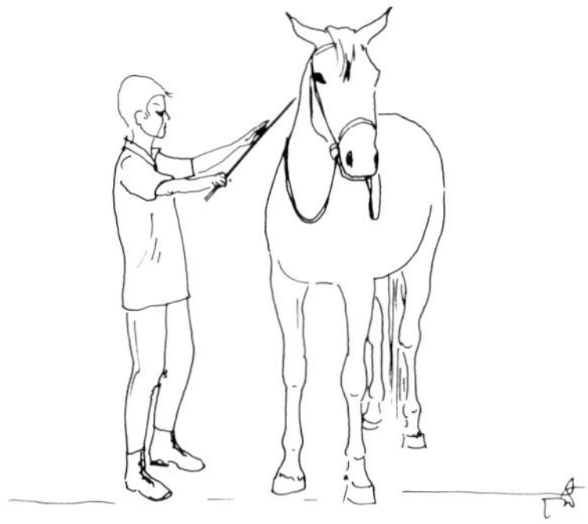

Abb. 13
Der Trainer möchte nach hinten gehen. Damit das Pferd sich nicht mit ihm umdreht, hält der rechte Arm mit der ausgestrecken Gerte Hals und Kopf am Platz.

Abb. 14
Das Pferd hat verstanden, der Trainer gelangt bis zur Hinterhand, das Pferd verfolgt ihn nur noch mit dem Auge.

Abb. 15
Das Pferd behält den Trainer im Blick, während er die Hinterhand umrundet. Brav bleibt es stehen und wartet auf die Belohnung.

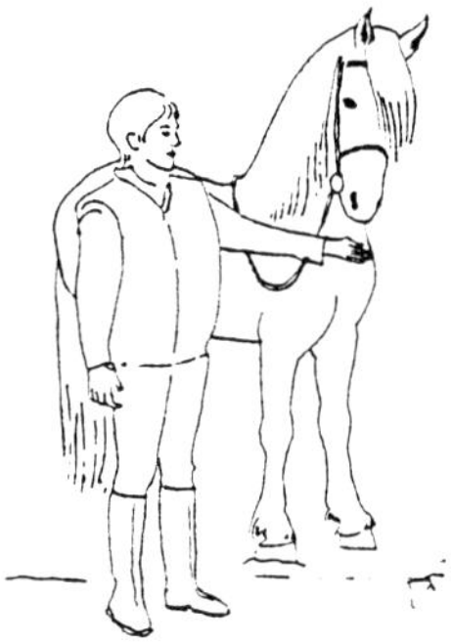

Abb. 16
Das anschließende Belohnen auf Distanz.

Denn Tiere, die in Rudeln oder in Herden leben, erhalten sich ihre Privatsphäre dadurch, daß sie andere Rudel- oder Herdenmitglieder nur bis auf eine bestimmte Entfernung an ihren Körper heranlassen. Unterschreitet der andere diese Distanz, wird er verjagt. Je ranghöher ein Tier ist, umso mehr Platz beansprucht es für sich (umso höher ist seine Individualdistanz). Rangniedere Gruppenmitglieder müssen unerwünschte Körperkontakte erdulden und werden von Ranghöheren sogar durch Drängeln von ihrem Platz entfernt.

Für den Umgang mit Ihrem Pferd bedeutet dies, daß Sie ihm, während Sie mit ihm arbeiten, nicht gestatten, Sie von sich aus zu berühren. Schmusestunden finden ein andermal statt. Wenn also Ihr Pferd während der Parkübungen mit dem Maul an Ihnen herumspielt, sollten Sie das nicht als Zärtlichkeit sehen, sondern als eine Regelübertretung. Gestatten Sie dieses Verhalten, wird Ihr Pferd es Ihnen nicht in Liebe danken, sondern es schlußfolgert lediglich, daß Sie ein besonders rangniederes Herdenmitglied sind, und es wird seinerseits Maßnahmen ergreifen, Sie in Ihre Schranken zu verweisen!

Erst wenn Ihnen die Übung zum freien Stillstehen auf beiden Körperseiten des Pferdes gelingt, versuchen sie, um die Kruppe herumzugehen. Anschließend vergrößern Sie allmählich den Abstand zum Pferd, bis Sie in ca. 1 Meter Entfernung ganz um es herumgehen können, während es auf Sie wartet. Nun haben Sie die Grundlage dafür gelegt, daß es später auch in den Lektionen am Platz bleibt und Sie es nicht festhalten müssen.

Je nach Ihrem Ausbildungsziel vergrößern Sie den Abstand zu Ihrem "geparkten" Pferd immer mehr, bis Sie es im Bereich eines Zirkels von ca. 14 m alleine lassen können.

Ihr Machtmittel bei dieser Übung heißt "gnadenlose Geduld". Nur Beharrlichkeit und konsequente Sturheit führen zum Erfolg. Ungeduld, Strenge, Strafen führen zu Mißerfolg.

Wer Interesse, Zeit und Geduld hat, kann an dieser Stelle der Ausbildung eine weitere Übung und ein weiteres Kommando einführen: das Herankommenlassen oder Heranrufen (Appell) des Pferdes. Verwendungsmöglichkeiten für diese Übung werden Sie später tausendfach finden (z.B. beim Einsammeln von verlorenen Handpferden oder beim Passieren von Engpässen, bei Zirkuslektionen bei der Wiederaufnahme mißglückter Übungen).

Sobald das Pferd verläßlich geparkt werden kann, muntert man es mit dem gewählten Wortkommando (hier) und einem Leckerbissen dazu auf, hinter einem herzulaufen, während man, selbst rückwärtsgehend, vorausgeht. Befolgt das Pferd anfangs die Aufforderung nicht, ist es vielleicht nur besonders gehorsam, denn es traut sich nicht, den Parkplatz zu verlassen. Dann zupfen Sie es am Strick zu sich her, bis es willig mitgeht. Hat es diesen Teil der Übung verstanden, rufen Sie es aus einer anfangs sehr geringen Entfernung zu sich heran. Kommt es jetzt nicht gleich von selbst, holen Sie es ab und gehen wieder rückwärts vor ihm her bis an die Stelle, von der aus Sie es gerufen haben, und belohnen es dort. Die Belohnung sollte mehr als ein Leckerbissen sein: Sie ist eine kleine Arbeitspause mit etwas Privatsphäre. Sehr bald wird so Ihr Pferd auf das Wort "Hier" und Ihr gleichzeitiges Rückwärtsgehen begeistert herbeieilen. Damit Ihr Pferd nicht zudringlich wird, müssen Sie sich zwischendurch immer wieder von ihm entfernen, ohne es zu sich heranzurufen, und die vorher erwähnten Parkübungen wiederholen.

Wessen Pferd nicht verfressen oder anhänglich genug ist, übt die Lektion "Hier" mit Hilfe einer Longe, an der er das Pferd zu sich heranzupft. Zu einer Longe greift man auch immer dann, wenn das Pferd glaubt, das Herankommen sei eine freiwillige Leistung (und dieser Moment kommt irgendwann bei jedem Pferd). Das Herangeholtwerden an der Longe macht dem Pferd klar, daß es kommen muß. "Hier" ist ein Befehl.

Natürlich ist es sehr viel leichter, einem Pferd diese Lektion in einem hoch eingezäunten Round Pen beizubringen. Hier kann man auf die Longe verzichten und von Anfang an mit Peitschensignalen arbeiten, da das Pferd sich nicht vom Trainer entfernen kann. Sobald das Pferd mit Stimme und Peitsche sowohl rechts und links herum geschickt werden als auch angehalten werden kann, können Sie ihm zwischen zwei v-förmig gehaltenen Peitschen, deren Spitzen am Boden liegen, eine Gasse zu Ihnen herein öffnen, in die Sie das Pferd mit Stimme und Belohnung locken. Rückwärtsgehend gelangen Sie bald bis in die Mitte des Kreises. Kommt es nicht, wird es wieder am Rand der Einzäunung entlang getrieben, bis es begreift, daß es nur in der Mitte bei Ihnen jemals Ruhe haben wird.

Aber auch das Heranzupfen an der Longe, mit der schon erwähnten gnadenlosen Geduld betrieben, führt im Laufe der Zeit zu demselben Erfolg. Auch bei dieser Methode können Sie dieselben Gertenzeichen einführen. Immer signalisiert eine am Boden liegende Peitschenspitze Frieden und

Ruhe: Das Pferd wird nicht getrieben und muß nicht weichen. Das Kommando "Hier" sollte mehr versprechen als einen Leckerbissen: Es ist eine Pause mit Zweisamkeit.

Im Anschluß an das Hereinkommen kann man das Pferd durch Rückwärtsrichten wieder auf seinen Platz zurückschicken. Dazu gehen Sie frontal auf das Pferd zu. Vielleicht touchieren Sie es mit der Gerte gegen die Brust, vielleicht tippen Sie mit Ihren Zehenspitzen von vorne an die Fesseln, um so Bein für Bein des Pferdes rückwärts weichen zu lassen. Mit der Zeit ersetzt die quer vor das Pferd gehaltene Gerte und ein Schritt auf das Pferd zu alle Berührungen. Manche Ausbilder halten Gerte und Peitsche auch lotrecht.

Parken, Herankommen (in einer Manege auch "Hereinkommen") und Rückwärtsrichten sind Übungen, die für jedes Pferd eine sinnvolle und praxisbezogene Erziehung darstellen. Im Wechsel trainiert und gefestigt, bilden "komm" (mitkommen, folgen), "halt", "steh", "hier" (herankommen) und "zurück" die Grundpfeiler für jede erfolgreiche Pferdeerziehung vom Boden aus.

5.2 Hals und Rücken beugen*

Bei der Übung "Hals beugen" folgt das Pferd der Futterhand durch bestimmte Bereiche entlang seines Körpers. Diese Bereiche nenne ich Regionen, um auszudrücken, daß das Pferdemaul nirgends stationär verweilen sollte. Es ist immer ein wenig in Bewegung, um Muskelverspannungen vorzubeugen. Außerdem muß die Futterhand das Pferdemaul mit Rücksicht auf das Gebäude des Pferdes und entsprechend seiner augenblicklichen Beweglichkeit innerhalb dieser Körpergegenden langsam positionieren und auch deswegen ein wenig innerhalb der Region herumwandern. In den Zeichnungen unten werden jeweils Beginn und Ende einer Region mit den dazugehörigen Haltungen des Pferdekopfes veranschaulicht.

Zahl und Art der ausgewählten Regionen haben sich nicht nur in gymnastischer Hinsicht als relevant erwiesen, sondern sie bewähren sich auch in der Ausbildungspraxis als Ortsangabe. Die fütternden Helfer finden damit in der späteren Zusammenarbeit mit dem Trainer auch ohne anato-

* Gekürzter Abdruck aus Eva Wiemers, Zirzensische Lektionen, Band 2.

mische Kenntnisse jederzeit schnell und präzise die richtige Fütterposition.

Man sollte die Übung "Hals beugen" immer als ganze absolvieren, also durchlaufend vom Beginn der Region 1 bis zum Ende der Region 3. Dabei hält man sich innerhalb der einzelnen Regionen länger auf als auf den Zwischenstrecken. Bei den meisten Pferden stellt sich nur so die nötige Ruhe und folglich eine ausreichende Dehndauer ein. Dabei ist es wichtig, die Region 1 nicht auszulassen oder flüchtig zu übergehen, auch wenn hier der optische Eindruck nicht so spektakulär ist wie in den anderen Regionen. Man möchte ja die in jeder Region erreichte Spreizung der Wirbel und Dehnung der Muskeln in die nächste mitnehmen. Nur wenn sich wirklich **jedes** Zwischenwirbelgelenk spreizt, kann das Nacken-Rückenband sich von Beginn an und daher maximal verlängern. Nur dann entsteht in allen Wirbelsäulenabschnitten zwischen den einzelnen Wirbeln der größtmögliche Platz für die dort verlaufenden Nervenstränge, nur dann werden **alle** kurzen Zwischenwirbelmuskeln Stück für Stück gedehnt. Nur wenn wirklich alle von ihnen sich dehnen, stellen sich in ihnen und auch in den oberhalb der Wirbelsäule liegenden Muskelgruppen (dorsale Muskeln) alle Vorteile der Dehnung ein – **die Beweglichkeit der Wirbelsäule beginnt beim ersten Halswirbel!**

Es wäre sicher ein großer Fehler, die Übung "Hals beugen" nur als Vorübung für die zirzensische Gymnastik zu betrachten. Sogar auf nur zwei Tage dauernden Kursen ist der **Zuwachs an Beweglichkeit und an "Bewußtsein" für diese Beweglichkeit** bei allen Pferden enorm. Auch nach vielen Kursen und vielen Pferden ist es für mich immer wieder ein beglückendes Erlebnis, die Veränderung im Ausdrucksverhalten von Pferden zu erleben, die manche ihrer Körperteile ganz neu entdecken – und die entdecken, wie wunderbar beweglich sie eigentlich sind!

Man sollte die Übung von den Pferden möglichst drei Mal pro Woche jeweils einmal von rechts und einmal von links ausführlich durchführen lassen (ohne Sattel). Damit erhält man ihre Beweglichkeit, und man ist immer über den Zustand ihres Rückens im Bilde. Wenn einmal ein Pferd eine Übung, die es schon beherrscht, deutlich unter seinem gewohnten Niveau ausführt, könnte inzwischen eine Bewegungseinschränkung eingetreten sein. So kann zum Beispiel jedes Aufstehen aus dem Liegen in der Box theoretisch zu einer Blockierung führen, ein kleines bißchen Ausrutschen kann schon genügen!

Ehe wir uns in die Praxis stürzen, müssen wir uns noch mit dem von mir so genannten "Zitzeln" beschäftigen. Zitzeln ist nicht dasselbe wie füttern. Es ist auch keine Belohnung, sondern eine besondere Erziehung, bei der das Pferd lernt, mit dem Maul an der Futterhand als an seinem Zielobjekt zu bleiben und sich von dieser Hand lenken zu lassen. Im Anschluß an braves Zitzeln erhält das Pferd das in der Hand verborgene Futter als Belohnung.

Beim Zitzeln darf das Pferd mit den Lippen an der Hand spielen oder mit der Zunge daran lecken, nicht aber darf es die Zähne verwenden oder die Hand durch Druck seines Kopfes in ihm angenehmere Positionen verschieben. Genaue Übungsanleitungen finden Sie in Band 2 und in Film 3.

Region 1

Das Maul mit Futter zur Vorderbrust locken
Genick-, Nacken- und Halsbeugung

Was übt das Pferd?

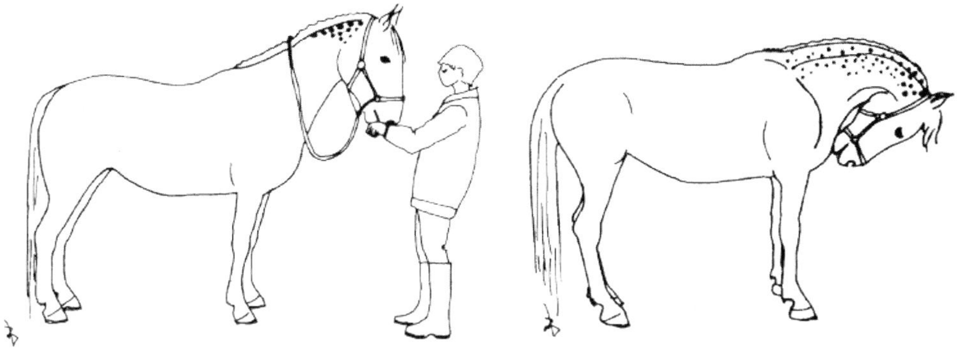

In Region 1 unterscheiden wir zwar **zwei Übungsphasen;** diese gehen jedoch fließend ineinander über. Wir lassen die Pferde mit hohem Genick und lotrechter Stirn-Nasenlinie beginnen (Phase 1) und anschließend mit dem Maul das Fell an der Brust erreichen, und zwar auch dort so hoch wie möglich (Phase 2).

Wenn das Pferd die vollständige Übung "Hals beugen" schon beherrscht, stelle ich mich zu Beginn seitlich etwas hinter dem Pferdekopf mit dem Blick nach vorne auf, einmal auf der linken und einmal auf der rechten Seite. Weil ich anschließend eine fließend weiterlaufende Bewegung in die anderen Regionen anstrebe, habe ich jetzt schon in **beiden** Händen **mehrere** kleine Futterbrocken, die das Pferd sich nach und nach "herauszitzeln" soll.

Phase 1

Das Pferdemaul wird rückwärts gelockt, bis **die Nasenlinie an der Senkrechten steht, während das Genick der höchste Punkt** bleibt. Hier soll das Pferd eine Weile fressen. Da die Halsmuskeln beim Ausharren in dieser Haltung schnell ermüden, muß jedes Pferd immer einige Zeit üben, bis es der Anstrengung gewachsen ist und mit dem Kopf nicht mehr nach unten drückt. Wir dürfen ihm hier aber keine Bequemlichkeit erlauben, weil sich sonst die Kopfgelenke nicht maximal spreizen und in der Folge das Nackenband nicht die optimale Spannung bekommt. Bei Pferden, die mit dieser hohen Genickbeugung noch Mühe haben, erreicht man sein Ziel oft leichter, wenn man sich vor den Pferdekopf stellt und mit den Fäusten unter dem Maul den Kopf stützt, bis das Pferd verstanden hat, was man von ihm erwartet.

Phase 2

Anschließend darf das Pferd den Kopf sinken lassen. Allerdings ziehen wir für Phase 2 die Futterhand langsam rückwärts in Richtung Pferdebrust, so daß es **einen sehr runden Hals** machen muß. Während der Eingewöhnung erlauben wir dem Pferd, zuerst ein wenig auf Höhe des unteren Randes der Vorderbrust zu fressen. Im Laufe der Zeit versuchen wir dann, die für das jeweilige Pferd höchstmögliche "Fress-Stelle" zu finden.

Was nützt das dem Pferd?

Im Hinblick auf die zirzensische Gymnastik ist diese Übung der erste Schritt, mit dem das Pferd beginnt, Stück für Stück die **notwendige Spannung des Nacken-Rückenbandes** und die entsprechende Muskelkraft aufzubauen, damit es beim späteren Erlernen des Komplimentes von Anfang an eine gesunde Körperhaltung einnehmen kann. Gleichzeitig beginnt es mit dieser Übung auch, ein Gefühl für die kommende Mobilisierungsgymnastik zu entwickeln: In langsamen und kontrollierten Dehnbewegungen wird es von vorne nach hinten durch seinen Körper geführt und **erlebt dabei "bewußt" die Auswirkungen der Halseinstellung auf die Gesamthaltung** und das Ineinandergreifen der Einzelbewegungen in den beteiligten Körperregionen. **Das ist für das Pferd etwas ganz Neues und kommt in den Bewegungsabläufen, die wir sonst von ihm verlangen, nicht vor.** Für ein gesundheitsförderndes Ausführen der zirzensischen Gymnastik sollte es aber gelernt werden.

Im Hinblick auf die allgemeine Gesunderhaltung **beugt diese Übung Steifheiten im Genick und Nacken vor**. Der Bereich hinter dem Genick hat eine besonders hohe Nervendichte, und die kurzen Muskeln zwischen dem Kopf und den beiden ersten Halswirbeln reagieren daher besonders empfindlich auf Störungen. Typischerweise führen direkter Druck, etwa durch Halfter verursacht, und indirekter Druck, hervorgerufen durch Behinderung der Dehnmöglichkeit (enges Ausbinden, falscher Zügelgebrauch), zu Beeinträchtigungen. Auch Zahnprobleme können zu Verspannungen im Genick führen. **Eine Verspannung dieser kurzen Nackenmuskeln hat zur Folge, daß sich auch der ganze Rücken verspannt.**

Region 2

Das Maul zur Unterbrust füttern
Halswölbung mit Beugung der Brustwirbelsäule

Was übt das Pferd?

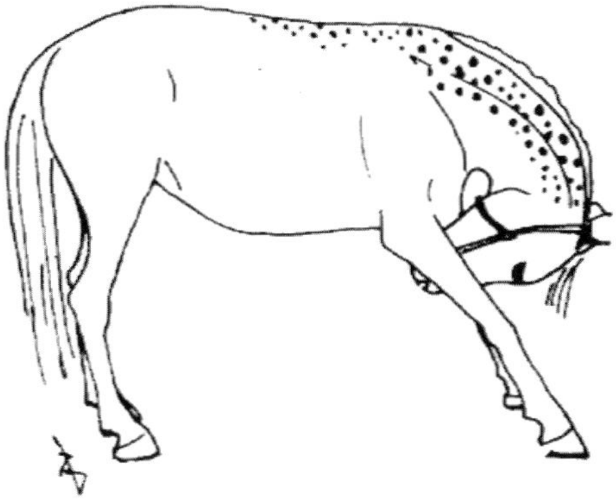

Das Futter lockt das Maul des Pferdes aus Region 1 **um die Rundung des Brustbeins herum.** Das Pferd soll sein Maul möglichst weit oben zwischen den Vorderbeinen nach hinten stecken. Dazu holen wir es mit unserer zweiten Hand (in der wir ja vorausblickend auch schon Futter halten) bei der anderen Hand ab.

Sobald das Pferd diese Körperhaltung mit dem Maul unter dem Brustbein gut erträgt, führen wir die Futterhand allmählich noch etwas **weiter zurück bis zur Gurtenlage**. Dort soll das Pferd mit dem Kinn möglichst dicht am Fell eine Weile am Futter nagen.

Solange das Pferd die Übung noch nicht kennt, wird es versuchen, rückwärts zu treten, um das Futter zu erreichen. Man hilft ihm, indem man es anfangs hinten begrenzt, zum Beispiel, indem man es vor eine Wand stellt.

Fast alle Pferde bieten zuerst weitere Ausweichbewegungen an, wie zum Beispiel starkes Schrägstellen der Vorderbeine oder auch Einknicken mit den Vorderbeinen. Dafür kann es mehrere Gründe geben: Mangelnde Beweglichkeit der Wirbelsäule, Bequemlichkeit oder fehlende Kraft, Noch-nicht-Wissen, daß ihnen solch eine Bewegung möglich ist! Um die Ausweichbewegungen zu begrenzen, variiert die Futterhand ihre Positionen und zieht das Pferdemaul in kleinen Bewegungen vor/zwischen/hinter den Vorderbeinen auf Höhe der Unterarme hin und her. Je größer dabei der Abstand zwischen Hand und Pferdekörper ist, umso leichter fällt es dem Pferd, mit dem Maul bei der Hand zu bleiben. Auch wenn wir dem Pferd die Aufgabe anfangs erleichtern wollen, versuchen wir trotzdem, oberhalb der Karpalgelenke zu bleiben.

Der häufigste Grund jedoch ist ein Fehler des Menschen: Wenn man die Futterhand zu schnell bewegt (zum Beispiel, weil das Pferd nicht ordentlich zitzeln gelernt hat und man also selbst auf der Flucht vor seinem Maul ist), bleibt dem Pferd weder Zeit zum Balancieren noch zum Aufspreizen und Aufwölben des Rückens. Die Folge sind die oben genannten Ausweichbewegungen.

Das Fressen in Region 2 ist für die Pferde schwierig, weil die Speiseröhre und die Luftröhre eingeengt werden und auch die Kiefergelenke nicht frei arbeiten können. Es ist daher besser, wenn man sie mit dem Maul am Fell, also in der extremsten Haltung, kein Futter erwischen läßt, wenn man will, daß sie anschließend nach Region 3 weiterarbeiten. Solange an Region 2 noch separat geübt wird, muß man den Pferden nach dem Füttern erlauben, zum Kauen und Schlucken den Hals lang zu machen.

Manchen Pferden gelingt es trotz längeren Übens nicht, das Maul in dieser Höhe hinter die Vorderbeine zu schieben. Bei diesen Pferden nähern wir uns unserem Ziel von unten her: Wir bieten ihnen das Futter zuerst bei tief hängendem Hals mit dem Maul vor den Hufen an und führen die Hand von dort allmählich zwischen und hinter die Röhrbeine und dann langsam nach oben. Zwischendurch geht man immer wieder zurück zum Ausgangspunkt am unteren Rand der Vorderbrust. Indem man zwischen diesen Positionen wechselt, nähert sich das Pferd der angestrebten Aufwölbung der Brustwirbelsäule einmal von vorne und einmal von hinten her (vgl. hierzu Region 3: Aufwölben der Lendengegend). **Geben Sie sich und Ihrem Pferd zehn bis zwanzig Tage Zeit!** In diesem Zeitraum sollte jedes gesunde Pferd lernen, mit dem Maul die Gegend der Gurtenlage zu erreichen. Dasselbe gilt auch für Region 3.

Was nützt das dem Pferd?

Bei der Halsbeugung in Region 2 hebt sich bei fast allen Pferden die Stelle hinter dem Widerrist am besten an, bei manchen Rückenformen überhaupt nur in dieser stark eingerollten Haltung. Es gibt Pferde, bei denen bei bloß abgesenkter Halsbasis mit horizontaler und sogar sehr tiefer Halshaltung optisch keine oder kaum eine sichtbare Veränderung der Oberlinie zu sehen ist.

Bei horizontaler Halshaltung wird die Brustwirbelsäule passiv und nur ein wenig angehoben, so daß in den oben beschriebenen Fällen die Aufwölbung äußerlich kaum in Erscheinung tritt. Mit eingerolltem Hals erreichen wir eine bessere Spreizung der Dornfortsätze und damit eine größere Gelenkbewegung, die zu einem vermehrten Aufwölben der Brustwirbelsäule führt. Ist diese Aufspreizung erst einmal erreicht, zeigt sich später auch bei Pferden, deren Rückenoberlinie sich hier zuvor nicht bewegt hat, in den tieferen Halseinstellungen eine bessere Beweglichkeit des Rückens im Bereich der Sattellage.

Für den Rücken im Bereich der Sattellage ist ein häufiges und langes Verweilen in Region 2 ergiebiger als in Region 3: Die vollständig eingerollten Hälse sorgen für eine maximale Spannung des Nacken-Rückenbandes. Weil die Pferde gegen die Schwerkraft arbeiten müssen, wird die gesamte ventrale Muskelkette Hals-Brust-Bauch aktiviert. Damit kommt mehr Spannung in den Rumpftragebereich und wir erzielen eine besondere Kräftigung, die sich später im Kompliment noch steigern wird. Gerade weil eine solche Haltung in der Bewegung nicht möglich ist, stellt sie eine wichtige Bereicherung des Gymnastikprogramms dar. Für viele Pferde ist sie eine Möglichkeit, bestimmte Gegenden ihres Rückens überhaupt erst einmal zu entdecken!

Im Hinblick auf das Erlernen von Komplimenten, die für den Rücken gesund sind, ist Beugen in Region 2 die wichtigste Übung: **Das Pferd lernt, bei maximal gewölbtem Halsbogen und folglich gespanntem Nackenband seinen Brustkorb zwischen den Schulterblättern nach oben zu ziehen** und nicht kraftlos zwischen ihnen einsinken zu lassen. Indem das Pferd mit dem Maul zwischen den Regionen 1 und 2 wandert, wird die Muskulatur von Oberlinie und Unterlinie variabel beansprucht und das Pferd hat Gelegenheit, sich dieses Zusammenspiel der Muskeln einzuprägen und die feinmotorische Information **zu speichern**. Damit beugen wir "eingebrochenen" Komplimenten vor, bei denen die Brustwirbelsäule durchhängt (das wäre eventuell nicht gut für Dornfortsätze,

Wirbel und Nerven) und das Brustbein am Boden liegt (mit dem Risiko von Überstreckungen und Überdehnungen am gestreckten Bein).

Auch für die allgemeine Gesunderhaltung des Reitpferdes, vor allem bei sportlicher Nutzung, ist diese Beugeübung sehr hilfreich: Durch das Auseinandersspreizen der Dornfortsätze ergibt sich **mehr Platz für die Nerven** im Rückenmarkskanal. Das beugt Schmerzen vor, die von Reizungen dieser Nerven ausgehen können (Rückenschmerzen und Lahmheiten der Vordergliedmaßen). Schon vorhandene Schmerzen können gelindert werden. **Die Geschmeidigkeit der Wirbelsäule wird verbessert**.

Auf den Zug des Nackenbandes reagieren die **Bauchmuskeln** mit einem Gegenzug, indem sie die Lendenwirbelsäule beugen und das Becken kippen. Bei dieser Arbeit kräftigen sie sich.

Auch die Brustmuskeln und die innen liegenden Schulterblattmuskeln werden stärker. An ihnen ist der Rumpf zwischen den Vordergliedmaßen aufgehängt. Wenn sie kräftig und elastisch sind, erhalten und verbessern sie die **Fähigkeit der Vorhand, Stöße abzufedern**.

Die Arbeit der Streck- und Hebemuskulatur des Halsansatzes **verbessert die Voraussetzungen für das Anheben der Vorhand** nach dem Abstoßen der Vordergliedmaßen, gleichermaßen notwendig für Dressur- und Springpferde.

Durch die extreme Halswölbung werden die Muskeln, die direkt entlang der Wirbelsäule verlaufen **(paravertebrale Muskulatur), gedehnt**. Diese Muskeln ziehen sich von Wirbel zu Wirbel und sind zuständig für die Drehung und Neigung der Wirbelsäulenabschnitte. Sie fixieren die Zwischenwirbelgelenke und verfügen über eine hohe Nervendichte, so daß sie dem Gehirn stets Informationen über die jeweilige Stellung und Positionierung des Wirbelsäulenabschnitts liefern. Spannungen in diesen Muskeln (zum Beispiel nach Wirbelgelenkblockierungen) würden ihre reibungslose Funktion behindern. Bleiben sie elastisch, ist der Informationsfluß ungestört. Dies ist eine wesentliche Voraussetzung für die Entwicklung und Erhaltung einer differenzierten Feinmotorik und sensibler Reaktionen auf reiterliche Hilfen.

Region 3

Das Maul lotrecht von der Gurtenlage aus abwärts führen
Wölbung (Beugung) der gesamten Wirbelsäule

Was übt das Pferd?

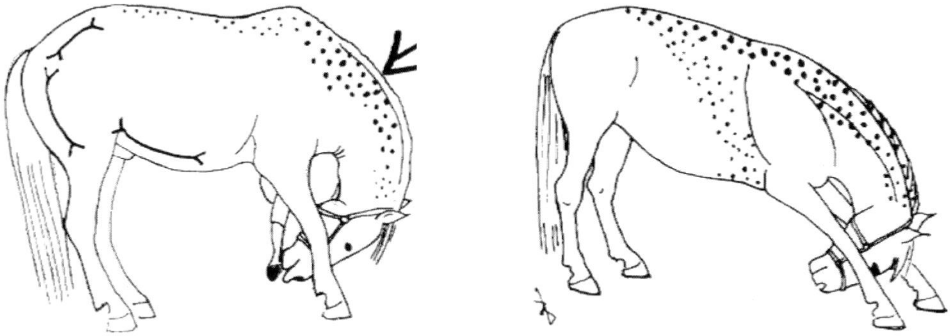

Mit der Futterhand führen wir das Maul langsam aus Region 2 (zwischen/hinter den Unterarmen) lotrecht nach unten. Dabei **bleibt der Hals gewölbt**. Wie nahe das Pferd mit dem Maul dem Boden kommen kann, hängt auch vom Verhältnis seiner Halslänge zur Beinlänge ab. Wenn das Pferd mit den Vorderbeinen sehr schräg wird oder stark einknickt, waren wir etwas zu tief oder zu weit hinten. Zur Korrektur "spazieren" wir mit dem Futter weiter nach vorne, bis zwischen oder leicht vor die Röhrbeine. Wenn das Pferd mit dem Maul folgt, wird es sich wieder besser aufrichten.

Das beste Ergebnis für den Rücken in Region 3 wird erzielt, wenn zuvor auch in den anderen Regionen geübt wurde, vorzugsweise im selben Durchgang: Das Maul sollte von 1 über 2 lotrecht hinab zu 3 geführt werden und nicht direkt aus der natürlichen Entspannungshaltung dorthin gelangen. Nur dann ist das fächerförmige Auseinanderspreizen aller Dornfortsätze (auch der vorderen!) gewährleistet, und auch die Brustwirbelsäule hinter dem Widerrist bleibt angehoben. Läßt man die anderen Regionen aus, gelangt weniger Zug auf das Nacken-Rückenband.

Man erhält die maximale Aufwölbung der Oberlinie, wenn das Pferdemaul sich zwischen den Regionen 2 und 3 befindet. Die Höhe, in der das Pferdemaul dazu verweilen sollte, ist von Pferd zu Pferd etwas verschieden, je nach der Flexibilität der Brustkorbaufhängung zwischen den Schulterblättern und je nach der Beweglichkeit der betreffenden

Wirbelgelenke (beides kann beim Üben in Region 2 trainiert werden). Je weniger sich die vordere Brustwirbelsäule aufwölben kann (ein Extremfall wären zum Beispiel bereits verknöcherte Kissing Spines im Widerristbereich), je eher und umso mehr kommen die hintere Brustwirbelsäule und die Lendenwirbelsäule hoch.

Im Hinblick auf eine ausgeglichene Muskelspannung im ganzen Pferdekörper **sollte während einer Beugeübung einige Male zwischen den Regionen 2 und 3 gewechselt werden.** Das bereitet auf Übungen unter Reitergewicht vor.

Was nützt das dem Pferd?

In dieser Übung **erreicht die gewölbte Oberlinie ihre maximale Länge**. Es sind nun einerseits alle großen Bewegungsmuskeln und andererseits alle für die Feinmotorik zuständigen Muskeln entlang der Wirbelsäule gedehnt. Somit ist das gute Funktionieren der wichtigsten Nervenbahnen gesichert und wir haben sehr gute Voraussetzungen für eine **differenzierte und schnelle Bewegungskoordination** geschaffen. Infolge der Dehnung der langen Rückenmuskeln erhöht sich das Ausmaß ihrer möglichen Kontraktion und damit ihre mögliche **Kraftentfaltung.**

Am Ende der Übung ruhen sich die Pferde gerne aus, mit gestrecktem Hals leicht unterhalb der Horizontalen. Zusätzlich zu den schon beim Arbeiten in den Regionen 1 und 2 gesicherten Ergebnissen gelangt das Pferd somit zum Schluß **zu umfassender körperlicher und seelischer Entspannung**.

Auch wenn man zirzensische Lektionen anstrebt, ist es wichtig, daß das Pferd über eine möglichst große Beweglichkeit der gesamten Wirbelsäule verfügt, denn in allen Phasen des Hinab gibt es Augenblicke sehr tiefer Kopf-Hals-Haltung. Damit das Pferd, vor allem mit Reitergewicht, die Phasen der zirzensischen Lektionen langsam und bewußt in gesunder Haltung ausführen kann, muß es zuvor alle Halseinstellungen und deren Einfluss auf die mit dem Rücken in Verbindung stehenden Körperteile in ihrer ganzen Bandbreite erlebt und feinmotorisch gespeichert haben.

Durch die Arbeit mit dem Maul hinter den Vorderbeinen halten wir die stützenden Bauchmuskeln aktiv. Wenn man das Pferdemaul vor und hinter den Röhrbeinen herumwandern läßt, ergeben sich auch für die Vorderbeine unterschiedliche Stellungen, die gymnastizierende Auswirkungen bis in die Bereiche von Fessel und Huf haben.

Sofern die Absenkung des Halses mit einem Abkippen des Beckens verbunden ist, ergibt sich als weiterer Vorteil, daß **die gelenkige Verbindung zwischen Lendenwirbelsäule und Kreuzbein** bewegt wird und die für den Vorwärtsschub wichtigen Muskeln an Kruppe und hinterem Oberschenkel leicht gedehnt werden. Insofern wir also das Pferd dazu erziehen können, trotz tiefer Nase hinter den Röhrbeinen mit möglichst lotrechten Vorderbeinen zu arbeiten, bereiten wir es nicht nur besonders gut auf alle zirzensischen Lektionen des Hinab vor, sondern schenken ihm auch einen besonderen Gesundheitsbonus für seine Reitpferdeaufgaben in Antritt und Versammlung.

Was hat die Beugeübung mit dem Kompliment zu tun?

Wenn ein Pferd sich auf drei Beinen (ein Vorderbein ist mit der Beinlonge aufgenommen) nach Region 2 beugt (das Kinn erreicht die Unterbrust), schiebt es gleichzeitig seinen Körper zurück, wobei das vordere Standbein schräg wird. Wenn es anschließend sein Maul bis nach Region 3 bewegt, senkt sich sein Körper ebenfalls ab, wodurch eine Landung auf dem Kniebein möglich wird.

Lesen wir dazu ein paar Ausschnitte aus Band 2:

Durch die vorangegangenen Beugeübungen und das Wiegen auf vier und auf drei Beinen sind die Pferde auf die entsprechende Balanceleistung gut vorbereitet und haben außerdem schon Vertrauen in die tragende Beinlonge. Ihre Aufmerksamkeit wird so sehr dem Futter gelten, daß sie mögliche andere Schwierigkeiten gar nicht gewahr werden.

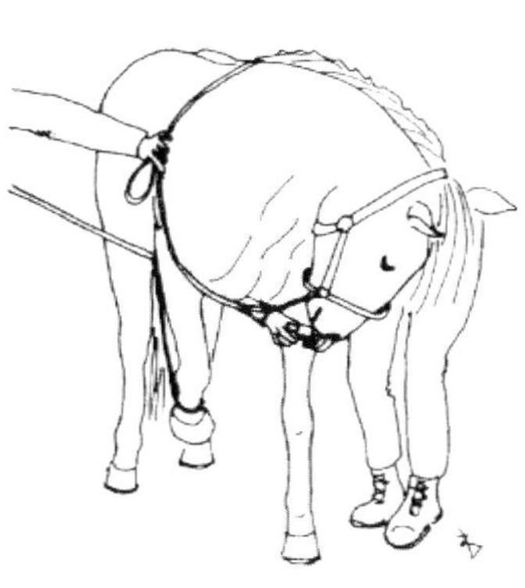

Der Helfer mit dem Futter führt nun die Übung "**Hals beugen**" wie gewohnt aus, ohne sich darum zu kümmern, daß das Pferd nur auf drei

Beinen steht. Obenstehende Abbildung zeigt, wie der Pferdekopf zum unteren Rand der Vorderbrust gelockt wird. Sobald er ihn erreicht, beginnt schon das Rückwärtsschieben des Rumpfes.

Der Trainer trägt das Pferd mit der Beinlonge und sorgt dafür, daß das Pferd mit seinem Gewicht mittig bleibt. Dabei entstehen geringfügige **Wiegebewegungen**. Durch die Futtersuche fällt das Pferd zu einer Seite und muß entweder an der Longe herangezogen oder mit der Hand weggedrückt werden. So wird das Pferd daran erinnert, daß es getragen wird, und dadurch ermutigt, unbesorgt wie bisher am Beugen zu arbeiten.

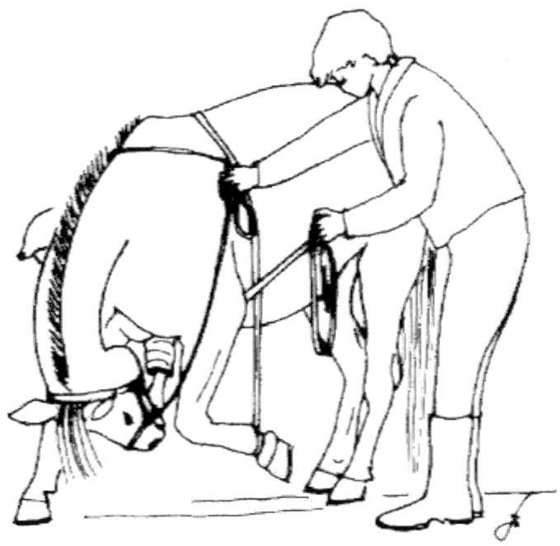

Nachdem das Maul um die Rundung der Brust herumgeführt wurde, endet die Rückwärtsbewegung. Nun folgt das Pferd der Hand in die Tiefe (nach Beugen 3) und läßt sich sinken, wie obige Abbildung zeigt.

In dieser Kombination aus "Hals beugen" und "Wiegen" konzentriert sich das Pferd aufgrund des Futters mehr auf die Beugeübung als auf das Wiegen. Psychologisch betrachtet ist das ein großer Vorteil. In körperlicher Hinsicht führt das bei diesen ersten Komplimenten dazu, daß **die Hinterhand** nicht zurück tritt, sondern **das Körpergewicht bei gebeugten Hanken trägt,** was nur mit Unterstützung der Bauchmuskulatur gelingt. Dadurch wölbt sich der Rücken im Bereich der **Lendengegend besonders auf.** Darüber hinaus bleibt durch den eingerollten Hals auch die **Brustwirbelsäule aufgewölbt**.

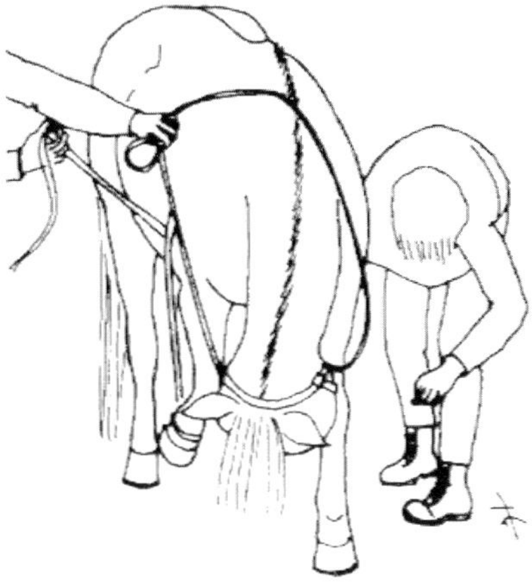

In dieser extrem runden Haltung kann das Pferd das Standbein noch nicht strecken. Je besser allerdings ein Pferd mit dem Maul vor der Region 3 auch die Region 2 erreicht und je energischer es sich dorthin schiebt, umso besser und frühzeitiger gelingt das Zurückschieben des Körpers.

Auf obenstehender Abbildung sieht man, wie die Wirbelsäule nach der Seite des Standbeines gebogen ist, denn solange das Pferd noch zwischen und hinter den Vorderbeinen nach Futter sucht, ist es ihm kaum möglich, in der Phase des Hinab gerade zu bleiben. Diese seitliche Biegung kann sowohl nach rechts als auch nach links auftreten. Das Pferd auf obiger Abbildung wählt die für unsere Absichten ungünstigere Seite, da so sein Körpergewicht überwiegend auf der Seite des Standbeines lastet. Um aber auf dem Kniebein landen zu können, müßte es sein Gewicht auf die andere Seite verlagern. In solchen Fällen hilft meistens ein häufigerer Wechsel der Seiten (die Beinlonge wird am anderen Vorderbein angebracht), um dem Pferd zu zeigen, daß es sein Gewicht beruhigt von der Beinlonge tragen lassen kann.

Wir streben also für das Hinab immer eine runde Oberlinie mit tiefer Halsbasis an. Dennoch wollen wir nicht, daß dem Pferd die bisher eingenommene völlig eingerollte Haltung zur Gewohnheit wird, denn sie hat durchaus ihre Nachteile: Das Standbein kann kein Körpergewicht übernehmen, die Gelenke der Hinterhand sind stark belastet, die Stirn liegt oft im Schmutz, insgesamt ist die Balance gestört. Daher wird es nach einigen Landungen in seelischer Ruhe schnellstens Zeit**, das Pferd an eine Halshaltung zu gewöhnen, die der eines zwar tief einge-**

stellten, nicht aber aufgerollten Pferdes beim Dressurreiten entspricht.

Als erstes hilft wieder strategisches Füttern: Das Pferd macht wie zuvor das Kompliment mit eingerolltem Hals, bekommt aber das Futter erst, wenn es nach der Landung den Kopf wieder nach vorne genommen hat. Wir rollen es also wieder aus (es folgt dabei der Futterhand, die nach der Landung vor die Vorderbeine gleitet).

Ist uns das einige Male geglückt, tritt das Pferd in den nächsten Ausbildungsabschnitt ein: Es wird lernen, sich auch dann sinken zu lassen, wenn das Futter vor der Brust bleibt, später, wenn es über dem Standbein in der Gegend des Karpalgelenks angeboten wird. Die Bedeutung des Lockens mit Futter tritt in den Hintergrund und der Anteil am Wiegen in den Vordergrund (Phase 2).

Im Film 4 finden Sie viele Kursszenen, die genau diese Ausbildungsphase dokumentieren.

5.3 Stellen und Wölben des Halses

Dies ist eine für das Kompliment und für das Ablegen wichtige Übung. Zum Stellen und zum Halswölben sollte Ihr Pferd einen Reitzaum tragen, mit dem Sie es beizäumen und abstellen können. Wenn Sie mit Gebiß reiten, eignet sich eine Trense (am besten eine Knebeltrense, ansonsten verwenden Sie ein Verbindungsriemchen von Ring zu Ring oder D-Ringe), wenn Sie gebißlos reiten, empfiehlt sich ein Side-pull oder ein Kappzaum. Jedenfalls müssen Sie eine präzise Einwirkung von vorne nach hinten (auf den Unterkiefer oder auf die Nase) und zur Seite geben können.

Sie stellen sich, Front zum Pferdekopf, an die Seite des Pferdes auf die Höhe der Sattellage. In die Zügel machen Sie einen Knoten so, daß dieser bei entspannter Halshaltung des Pferdes und nichtangefaßten Zügeln direkt hinter dem Widerrist liegt.

Nun greifen Sie mit Ihrer dem Pferdekörper zugewandten Hand vor dem Knoten in die Zügel, so daß Sie durch Drehen der Faust nach rechts und nach links wahlweise den rechten oder linken Zügel anschlagen können.

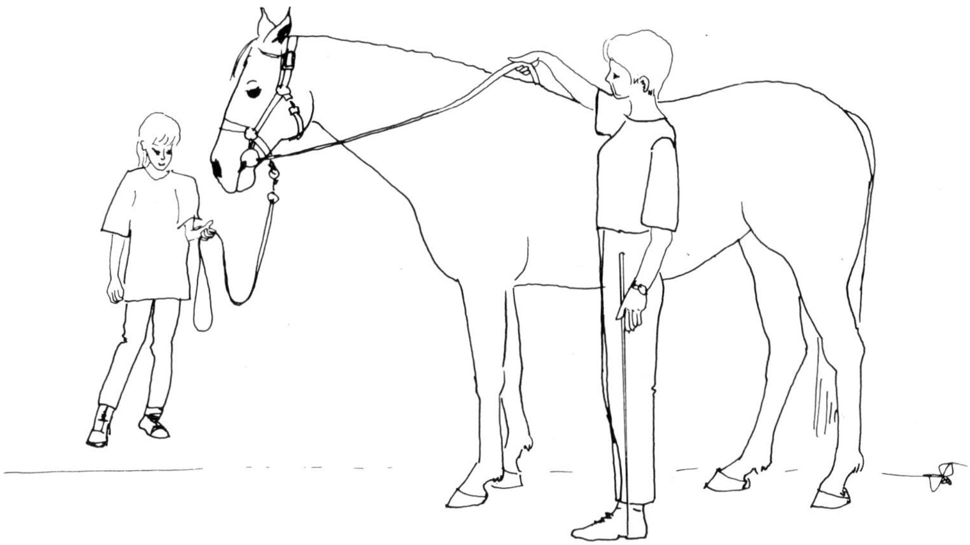

Abb. 17
Die Hand greift von oben vor dem Knoten in die Zügel und kann nun ungehindert sowohl nach rechts als auch nach links im Zügel wandern.

Als Rechtshänder beginnen Sie auf der linken Seite des Pferdes, weil Sie mit Ihrer rechten Hand geschickter sind. Wenn das Pferd später weiß, was Sie von ihm wünschen, üben Sie dasselbe auch mit der linken Hand auf der anderen Seite des Pferdes.

Durch sanfte einseitige Anschläge mit einem Zügel geben Sie dem Pferd eine leichte Stellung in der Ganasche nach rechts bzw. links. Ihre Handbewegung erinnert eher an ein Vibrieren, allenfalls ist sie ein Zupfen. Achten Sie darauf, daß Sie seitwärts einwirken und nicht versehentlich rückwärts, und ziehen Sie nicht. Ziehen Sie auch dann nicht, wenn das Pferd anfangs nicht reagiert. Wiederholen Sie Ihre Einwirkung so lange, bis das Pferd irgendetwas tut, und sagen Sie ihm dann mit "ja" und "nein", ob es richtig oder falsch reagiert hat. Falsch ist, wenn das Pferd rückwärts geht. Sie führen es nach vorne zurück an die Übungsstelle. Falsch ist auch ein Anheben des Kopfes oder ein Kopfschlagen.

Wenn sich das Pferd widerstandslos nach beiden Seiten stellen läßt, können Sie dazu übergehen, auch die Seitenbiegung des Halses zu verlangen. Ihre Einwirkungen bleiben im Prinzip die gleichen. Wenn das Pferd mit der Hinterhand zur Seite tritt, haben Sie für den Augenblick zuviel Halsbiegung verlangt.

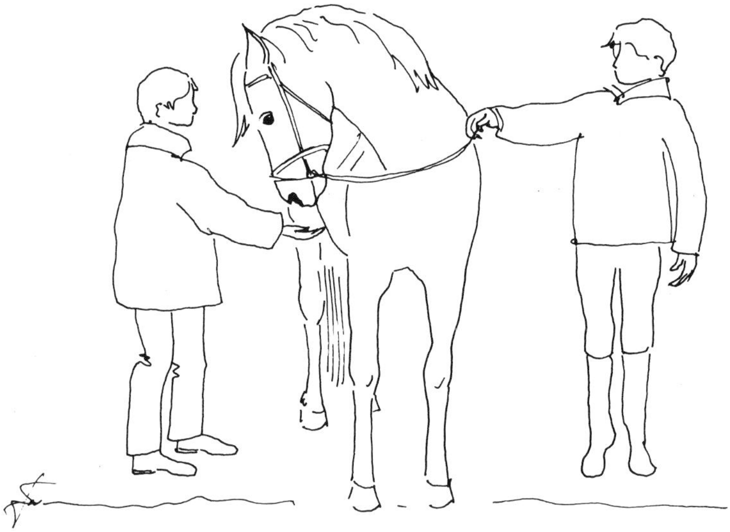

Abb. 18
Halsbiegung mit Unterstützung eines "Fütterers"

Damit das Pferd begreift, daß es sich nicht drehen, sondern nur den Hals biegen soll, können Sie die Hinterhand verwahren, vielleicht mit der Unterstützung eines Helfers. Sehr erfolgreich und pferdefreundlich ist es auch, wenn ein Helfer den Kopf des Pferdes, den Sie mit den Zügeln dirigieren, zusätzlich mit einem Lekkerbissen bis dicht an den Pferdeleib lockt und das Pferd dort belohnt.

Um den Kopf des Pferdes beizuzäumen, stellen Sie ihn leicht von sich weg. Dann gleiten Sie mit Ihrer Hand am Zügel entlang auf die andere Seite des Knotens, jedoch ohne daß das Pferd die Stellung aufgibt, bis Ihre Hand ungefähr auf der Höhe der Mitte des Schulterblattes und hinter diesem zu liegen kommt.

Hier nun verkürzen Sie den anderen Zügel und holen so den Pferdekopf wieder in die Gerade. Bei diesem Vorgang wird das Pferd sich mit der Nasenlinie weiter an die Senkrechte annähern, es zäumt sich bei.

Aufgrund Ihrer sanften Zügeleinwirkungen, die das Pferd in diese Haltung locken und nicht zwingen, wird es sich bei lockerer Muskulatur im Genick dehnen, dabei die Oberlinie wölben und den Unterhals entspannen. Diese Haltung ist die Ausgangssituation für Ihre Kompliment-Vorübungen "Rückwärts an der Hand", mit der Sie Ihre Wiegeübungen einleiten (vgl. Kapitel 5.3).

Eine zusätzliche Stellung oder eventuell auch Halsbiegung zu der von Ihnen abgewandten Seite geben Sie dem Pferd, wenn Sie es ablegen wollen.

Bitte glauben Sie nicht, die Position der Hand hinter dem Schulterblatt sei unwesentlich, könne auch weggelassen oder nicht geübt werden. *Mit Ihrer Hand an dieser Stelle stützen Sie in den späteren Wiegeübungen Ihr Pferd.* Wie geschickt und wie beherzt Sie stützen, wird darüber entscheiden, wie vertrauensvoll Ihr Pferd auf Ihre Wünsche eingeht. Also üben Sie diese Handhaltung schon jetzt.

Lassen Sie das Pferd nur einige Sekunden "in Haltung" stehen, dann erlauben Sie ihm, den Hals nach unten lang zu machen. Häufiges Wiederholen führt dazu, daß das Pferd, kaum daß es die Übungsstelle betreten hat, von selbst eine entspannte Körperhaltung mit tiefem Hals anbietet. Damit hat es die ideale Ausgangsstellung für alle Zirkuslektionen "zu Boden" gefunden (vgl. Gloria, Abb.1-6).

5.4 Rückwärts an der Hand

Inzwischen ist Ihr Pferd körperlich und seelisch auf das Zurückrichten an der Hand vorbereitet.

Hierbei kommt es nicht auf ein regelrechtes Rückwärtsrichten von einigen Tritten an. Es genügt, dem Pferd einen leichten Impuls nach hinten, eine Tendenz nach rückwärts zu geben. Diese Rückwärtstendez ist ein Element des Kompliments, denn um bei schräg nach vorne gestrecktem Stützbein auf dem angewinkelten Röhrbein niederknien zu können, schiebt das Pferd seinen Körper bei stehenden Beinen nach hinten.

Entscheidend für eine gute Rückwärtsbewegung ist die dabei eingenommene Körperhaltung: Das Pferd soll die Übung mit runder (aufgewölbter) Oberlinie ausführen. Das erreichen Sie mit der oben beschriebenen Zügelführung.

Durch Vibrieren oder Zupfen am Zügel und einem Stimmkommando (zurück, back, en arrière) fordern Sie Ihr Pferd zum Rückwärtstreten auf. Doch bereits nach dem ersten Schritt lassen Sie es wieder anhalten (halt, ho) und stoppen so die Rückwärtsbewegung schon im Ansatz ab. Man will vermeiden, daß das Pferd die Übung mit einem wirklichen Rückwärtsrichten in Verbindung bringt oder womöglich selbständig rückwärts eilt.

Abb. 19
Auf mittlerer Höhe hinter dem Schulterblatt öffnet der Ausbilder die Hand und drückt damit das Pferd nach vorwärts-rechts, um ihm ein Ende der Rückwärts- (später auch Seitwärts-)bewegung zu signalisieren.

Dieses Abstoppen geschieht mit Ihrer Zügelhand, die hinter dem Schulterblatt des Pferdes (wo sie während der Zügeleinwirkung schon liegt) die Bewegung durch Druck nach vorne rechts (wenn Sie links stehen) abbremst. Gleichzeitig öffnen Sie die Finger, um die Zügel lose zu lassen.

Wiederholen Sie die Übung mehrere Male und stellen Sie dabei vor allem sicher, daß Ihr Pferd von Ihrer gegendrückenden Hand Kenntnis nimmt. Mit dieser Hand dosieren Sie während des Wiegens bei übereifrigen Pferden das Maß der Dehnung und geben ängstlichen Pferden Sicherheit, damit sie es wagen, sich der Fußlonge anzuvertrauen.

Diese Arbeit mit der Zügelhand beim Wiegen (annehmen - nachgeben - stützen und vorschieben) ist für den Anfänger am schwierigsten und ist an einem einzigen Pferd auch kaum perfekt zu erlernen. Hier muß auf Kursen häufig der Lehrer eingreifen, damit sich Pferd und Mensch nicht festfahren und das Pferd den Menschen als jemanden erfährt, der es hält und trägt, und nicht als einen, der es niederwerfen will.

5.5 Beugen der Beine durch Touchieren

Alle Lektionen "zu Boden" beginnen damit, daß das Pferd ein Vorderbein anbeugt und sich, auf den drei anderen balancierend, darauf nieder"kniet". Eine erste Schwierigkeit besteht für das Pferd darin, auf nur drei Beinen zu einem sicheren Gleichgewicht zu finden. Gewisse Vorübungen helfen ihm, Erfahrung beim Suchen der Balance zu sammeln. Sie bereiten gleichzeitig den Weg für gymnastische Fertigkeiten. Diese Übungen sind "Beine beugen" und "Vorderbeine strecken".

Für die Übung "Beine beugen" sollten Sie von Anfang an die Touchiergerte verwenden. Der gekonnte Umgang mit ihr will gelernt sein, also beginnen Sie lieber jetzt als später damit.

Um die Touchiergerte richtig zu bedienen, muß man verstehen, worin das Geheimnis dieses "Zauberstabes" liegt. So wie die Lektionen Kompliment und Knien sind nämlich auch die Touchierhilfen dem Verhalten der Pferde abgeschaut und zielen zunächst darauf ab, reflexhafte Verhaltensweisen auszulösen.

Das Niederknien auf einem oder auf beiden Vorderbeinen ist eine ganz natürliche Verhaltensweise des Pferdes. Am besten können Sie sie bei spielenden Hengstfohlen beobachten. Sie werden nicht müde bei dem Versuch, den "Rivalen" in die Röhrbeine zu beißen, und der schützt sich dagegen, indem er nach unten ausweicht und sich "kniet". Bemerkenswert ist, daß die Jungpferde gar nicht warten, bis sie wirklich gekniffen werden, sie knien schon bei der leisesten Andeutung eines Bisses in Richtung ihrer Röhren. Dieses Spiel erinnert stark an kleine Buben, die Fußball spielen, wobei sich der jeweilige Torwart auch ohne triftigen Grund gerne effektvoll auf den Bauch wirft. Beide - Bub und Fohlen - trainieren ihre Fähigkeit zur Verteidigung.

Da sich die Lektionen Kompliment und Knien und die Hilfen, die sie auslösen, von einem unter Pferden weit verbreiteten Beißspiel ableiten lassen, werden Sie also versuchen, mit Ihrem Pferd "Beine beißen" zu spielen, um das Beugen der Beine als natürliche Reaktion auszulösen. Wie aber beißt man sein Pferd?

Der Mensch imitiert den Biß des Kontrahenten durch Touchieren mit einer Gerte.

Damit die Gerte oder Peitsche als verlängerter Arm des Ausbilders die Wirkung eines Zauberstabes bekommen kann, muß sie vom Pferd als Ersatz für Hals-Kopf-Zähne eines Pferdegegenübers verstanden werden. Dazu müssen Sie mit der Gerte so flexibel umgehen, wie ein Pferd im spielerischen Beißkampf von seinen Zähnen Gebrauch macht. Sie können damit zärtlich knibbeln, zwicken und schmerzhaft zubeißen, Sie können damit drohend zeigen, Sie wahren damit Ihre Individualdistanz als Ranghöherer, und Sie können das Pferd treiben und ausweichen lassen.

Ein Jungpferd wird sofort begeistert mittun: Entweder zieht es das jeweilige Bein nur an oder kniet darauf nieder, womöglich gleich auf beide Vorderbeine, es weicht also aus. Oder es schlägt damit aus, wehrt die Irritation also ab.

Dennoch fühlt es sich bei vorsichtigem Umgang kaum jemals angegriffen, das spielerische Element überwiegt. Ältere Pferde sind in ihrer Spontaneität gebremst. Aber der Funke ist noch da, und Sie können ihn wieder aufflackern lassen.

Während ein Pferd die Gebärden, die sein Pferdegegenüber mit Kopf und Maul macht, instinktiv deuten kann, müssen wir ihm unsere (abgeleitete) Gertensprache erst beibringen. Wir wollen ja auch nur bestimmte Reaktionen dulden und andere verbieten.

Als erstes stellen Sie sicher, daß Ihr Pferd sich nicht vor der Gerte fürchtet. Sie streicheln es damit solange am ganzen Körper ab, bis es diese Berührungen ohne Angst und Mißtrauen duldet. Erst jetzt beginnen Sie vorsichtig mit Ihren "Beißübungen".

Wie Ihr Pferd reagieren wird, hängt nicht nur von seiner individuellen Schmerzempfindlichkeit ab, sondern auch von seinem Selbstbewußtsein und von der Bedeutung, die Sie als sein Chef und Partner für es schon haben. Manche wehren sich, manche weichen aus, manche sind unbeeindruckt. Ein vertrauensvolles Pferd reagiert anders als ein ängstliches, ein "chefiges" anders als ein unterwürfiges.

Jedenfalls stellen Sie sich neben der Schulter Ihres geparkten Pferdes so auf, daß Sie weder von seinen Zähnen, noch von einem seiner Hufe getroffen werden können. Hengste können nicht nur mit den Vorderbeinen, sondern auch mit den Hinterbeinen gezielt nach vorne schlagen. Bei Stuten müssen Sie mit einem blitzschnellen Herumdrehen rechnen. Deswegen sollte das Pferd vorsorglich so angebunden oder gehalten werden, daß es niemanden gefährden kann. Wie auch immer es reagieren wird, handeln Sie nie aggressiv, damit die Übung den Spielcharakter beibehält.

Am Anfang sollten Sie nur Gerten in einer handlichen Länge (ca. 1,20 m) verwenden, die nicht allzu biegsam sind, damit Sie mit der Spitze auch dorthin treffen, wohin Sie zielen. Touchieren Sie immer mit der Gertenspitze, damit nicht ein überstehendes Stück versehentlich andere Körperteile berührt (zum Beispiel das andere Vorderbein), wodurch das beabsichtigte Signal undeutlich oder zweideutig wird.

Zum Beugen der Beine berühren Sie nun mit der Spitze einer Dressurgerte die Außenseite oder die Rückseite einer Vorderröhre zunächst nur leicht. Verwenden Sie dabei wie immer ein Stimmkommando (Fuß, Huf). Jedes Anheben des Hufes oder Anwinkeln des Beines ist gut und wird belohnt.

Achten Sie darauf, daß das Pferd das touchierte Bein entlastet hat. Wenn es mit seinem ganzen Gewicht darauf ruht, wird es Ihre Aufforderung zum Hochheben des Beines nicht befolgen. Führen Sie gegebenenfalls eine Gewichtsverlagerung herbei.

Abb. 20
Anwinkeln des Vorderbeines durch Berühren des Röhrbeins mit einer Gerte. Die Ausbilderin hält nach vorne und seitlich ausreichend Distanz.

Natürlich müssen Sie damit rechnen, daß das Pferd nicht nur mit dem erwünschten Anheben des Beines reagiert. Es könnte auch weglaufen, mit dem Körper dagegendrücken oder ausschlagen. Letzteres regelt man mit "nein". Weglaufen und Gegendrücken unterbindet man schon vorher, indem man sein Pferd anbindet oder halten läßt.

Reagiert das Pferd gar nicht, touchieren Sie deutlich kräftiger. Sie wollen unbedingt nach möglichst wenigen Berührungen eine Antwort des Pferdes erhalten. Vermeiden Sie rhythmische und in der Intensität nicht abgestufte Einwirkungen. Nicht eine einzelne deutliche Hilfe, sondern viele eintönige und halbherzig gegebene stumpfen ein Pferd ab. Nur ein Pferd, das erfahren hat, daß eine Gerte ernsthaft beißen kann, wird auch schon eine leichte Berührung wie gewünscht beantworten.

Variieren Sie nicht nur die Intensität, sondern auch die Schnelligkeit und die Dauer Ihrer Touchierhilfen. Alles zusammen entscheidet über die Qualität, über die "Bedeutung": ein Streicheln, ein Knibbeln, ein Zwicken, ein Biß.

Es ist von größter Wichtigkeit, daß Sie die Gerte unmittelbar, nachdem das Pferd das Signal auch nur ansatzweise befolgt hat, entfernen. Pferde gewöhnen sich meist nur deswegen das lästige Scharren an, weil der Mensch nicht merkt, daß er die Gerte noch immer irgendwie hinhält. Nicht nur für das Pferd, auch für den Menschen *gilt die eiserne Regel: Jede Übung hat einen deutlichen Beginn* (mit entsprechendem Stimmkommando, hier also z.B. "Huf") *und ein ebenso deutlich markiertes Ende*. In diesem Ausbildungsabschnitt signalisieren Sie das Ende, indem Sie Ihre Gerte "auf Null stellen" (Gerte schmal am Körper, Spitze ruht auf dem Boden).

Abb. 21
Die Gerte auf Null gestellt - sich selbst auf Null gestellt! Die lotrecht hängende Gerte und die entspannte Körperhaltung des Ausbilders signalisieren dem Pferd, daß gerade nichts von ihm verlangt wird.

Damit aus dem ersten schwachen Anheben des Hufes mit der Zeit ein hoch angewinkeltes Bein wird, benutzen Sie nur ausnahmsweise deutlichere Touchierhilfen. Besser ist, wenn Sie wieder strategisch belohnen und Ihrem Pferd mit Stimmhilfen (ja, gut, nein) den Weg weisen.

Wenn das Pferd die Vorderbeine wie gewünscht anwinkelt, üben Sie dasselbe auch mit den Hinterbeinen. Lassen Sie zwar entsprechende Vorsicht walten, untersagen Sie aber ganz energisch ein Herausschlagen nach hinten oder nach der Seite: am besten nur mit der strafenden Stimme und Wiederholen der Übung, notfalls aber auch durch einen leichten (symbolischen) Gertenschlag - allerdings blitzschnell. Damit reagieren Sie, wie ein Pferd reagiert, wenn ein anderes nach ihm schlägt: Falls es nicht flüchtet (das sollten Sie nicht tun!), droht es mit der Hinterhand oder schlägt auch zurück. Danach beenden Sie die Kriegshandlung sofort durch freundliche Zuwendung und wiederholen die Übung, sachlich und ohne jeden Groll.

Sobald das Pferd Ihr Gertenzeichen mit dem Anwinkeln des Beines beantwortet, können Sie ihm beibringen, das Bein solange gewinkelt zu lassen, wie die Gerte anliegt. Sofern Sie vorher die Gerte immer pünktlich auf Null gestellt hatten, wird Ihr Pferd - geleitet durch Ihr Ja und Nein - die neue Anforderung schnell begreifen. Sie beenden die Übung wieder mit einem Wegnehmen der Gerte und einem Stimmkommando (ab).

Die Übung "Beine beugen" können Sie später vielfältig verwenden. Schon so manches Pferd, das wegen zirzensischer Lektionen zum Kurs kam, konnte anschließend wunderbar leichtfüßig die Hufe geben und halten, während vorher die ganze Kraft von Herrchen oder Frauchen nötig war, um einen Huf vom Boden zu lösen!

Mit dem Beugen der Vorderbeine leiten Sie jede Lektion "zu Boden" ein, das Beugen der Hinterbeine brauchen Sie vielleicht zum Ablegen.

Beugen der Hinterbeine

Abb. 22
Anfangs sollte man aus Sicherheitsgründen seitlich vom Pferd stehen.

Abb. 23
Wer auch an der Hand oder am langen Zügel arbeiten möchte, übt danach auch das Touchieren von seitlich-hinten.

5.6 Vorderbeine strecken und dehnen

Die Übung "Vorderbeine strecken" ist eine gezielte Vorübung für das Kompliment. Sie bereitet das Pferd gymnastisch und seelisch darauf vor.

Viele Reiter praktizieren nach dem Angurten schon folgende Übung: Der Reiter steht vor dem Pferd, greift mit der Hand in die Beugeseite des Karpalgelenks und zieht das Vorderbein nach vorne heraus, bis der Unterarm waagerecht steht. Damit zieht sich die Bauchhaut unter dem Gurt glatt, die Hautfalten liegen vor dem Gurt und helfen so zusätzlich, ein Vorrutschen des Gurtes zu verhindern.

An diese Übung knüpfen Sie an: Anstatt aber den Unterarm bis zur Waagerechten anzuheben, greifen Sie schon vorher mit beiden Händen unter den Huf und lassen das Pferdebein bis kurz über den Boden absinken. Dabei streckt sich das Karpalgelenk. Versucht das Pferd, sein Bein zurückzuziehen, regulieren Sie dies wie gewohnt mit Ja und Nein. In dieser Stellung warten Sie ab, bis das Pferd beginnt, Gewicht in Ihre Hände zu geben, sich also sachte *in Ihre Hände hineinstemmt.*

Zur Schonung Ihres Rückens, vor allem der Lendenwirbelsäule, ist es wichtig, leicht die eigenen Knie zu beugen und das Gewicht in beiden Händen mit den Beinmuskeln "auszufedern" und dabei den Rücken zu strecken. Auch aus Sicherheitsgründen sollten Sie nicht vor dem Pferd in die Hocke gehen.

Abb. 24
Die Hände greifen um und unter den Huf (nicht in die Fesselbeuge fassen).

Das gestreckte und gestemmte Bein heben Sie nun ganz allmählich an bis kurz vor den Punkt, an dem das Pferd es wegziehen oder beugen möchte. In dieser Stellung halten Sie das Bein einige Sekunden (ca. 10) und lassen dann langsam ab.

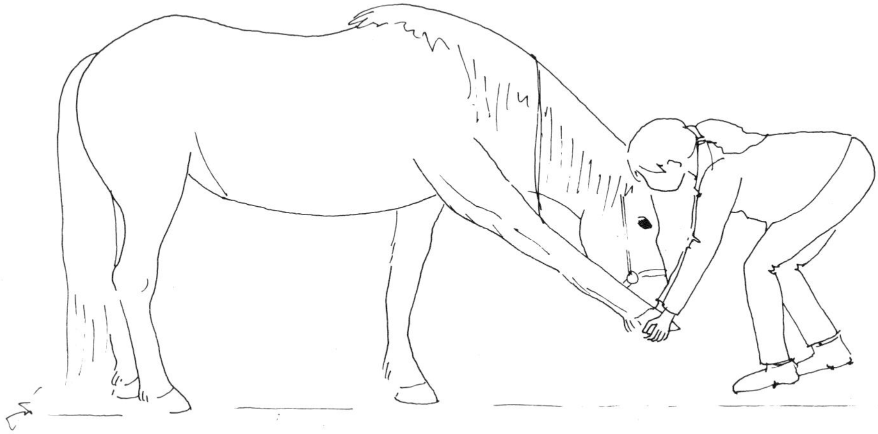

Abb. 25

Abb. 26

Der Erfolg der Dehnungsübungen liegt in der häufigen Wiederholung und einer nur langsamen Steigerung. Dazwischen wird die Dehnung immer wieder gelöst. Sie wechseln also mehrmals zwischen beiden Vorderbeinen hin und her und erzielen dabei ganz allmählich eine immer höhere gestreckte Haltung. Diese Übung ist als Vorübung für das Kompliment nur dann wirklich sinnvoll, wenn das Pferd mit dem gestreckten Vorderbein Druck ausübt, also stemmt. Deshalb müssen Ihre Hände unter dem Huf für Widerstand sorgen. Es genügt nicht, sie um die Fessel oder die Röhre zu legen. Dieses Stützen und Stemmen mit dem gestreckten Bein bereitet Muskulatur und Bänder an Bein, Schulter und Brustkorb sowohl in Dehnung als auch in Anspannung auf die Belastung im Kompliment vor, wo das nach vorn gestreckte Vorderbein etliches an Gewicht zu tragen hat.

Ferner führen diese Dehnübungen mit den Vorderbeinen bei allen Pferden zu einer allgemeinen seelischen Entspannung, als deren Folge sie Kopf und Hals fallen lassen und auch den Rücken entspannen. So finden sie bereits die richtige Körperhaltung für ein gymnastisch wertvolles Kompliment oder Knien heraus.

Da das Pferd bei diesen Dehnübungen recht lange auf drei Beinen stehen muß, ohne sich dabei seitlich auf den Menschen lehnen zu können, übt es seine Balancierfähigkeit in der angestrebten Körperhaltung. Die meisten Pferde finden sehr schnell heraus, daß sie mit gespreizten und leicht nach hinten herausgestellten Hinterbeinen besser stehen, was ihnen bei den Wiegeübungen später zugute kommt. Während dieser Übungen konzentrieren sich die Pferde zunehmend auf ihr "Innenleben", sie horchen in sich hinein, während sie die ersten vorsichtigen Schwerpunktverlagerungen im Stehen vornehmen.

Die Erfahrung zeigt, daß diese Übung für das Pferd ganz offensichtlich auch eine vorzügliche mentale Vorbereitung auf die noch unbekannte Lektion "Kompliment" ist: Das Pferd bekommt schon ein Gefühl von der zukünftigen Lektion.

Pferde, in deren Vorbereitungsprogramm sie enthalten ist, finden sehr viel schneller als andere den gewünschten Bewegungsablauf heraus. Einknikken mit dem Streckbein oder Herumhüpfen auf drei Beinen läßt sich so fast immer vermeiden, und das Pferd bietet die angestrebten "Wiegeübungen" sehr häufig schon von sich aus an.

5.7 Gewöhnung an die Beinlonge

Eine eventuell vorhandene Scheu vor dem Beinlongentraining können Sie beruhigt ablegen, denn es ist äußerst unwahrscheinlich, daß Ihr Pferd Schwierigkeiten machen wird.

Mit Problemen müssen Sie rechnen, wenn
* Ihr Pferd noch gänzlich roh ist und weder Gurt noch Sattel kennt,
* Ihr Pferd Sattel- bzw. Gurtenzwang hat,

* Ihr Pferd gefesselt oder geworfen wurde und dabei einen seelischen Schaden davongetragen hat.

In vielen dieser Fälle konnte ich auf Kursen mit verständnisvollem Beinlongentraining sogar helfen.

Als Beinlonge verwenden Sie am besten ein ungefähr 30 mm bis 40 mm breites Band aus strapazierfähigem aber dennoch weichem Material in zur Körpergröße des Pferdes passender Länge (3 bis 4,5 Meter) mit einer eingenähten Schlaufe am Ende. Die Verwendung einer normalen Longe empfiehlt sich nicht so sehr, nicht nur, weil sie vom Material her oft zu hart ist, sondern vor allem, weil sie zu lang ist. Die überschüssige Länge müssen Sie in Ihrer Hand aufgerollt halten, und mit etwas Pech geraten Sie mit Ihren Füßen in diese Schleifen hinein und bringen sich in Gefahr zu stürzen.

Bei der ersten Begegnung mit der Beinlonge können Sie Ihr Pferd daran riechen lassen und seinen Körper damit abstreichen.

Sodann holen Sie sich durch die Schlaufe am Ende eine Schlinge, die um die Fessel des Pferdes gelegt werden soll. Wenn Sie wünschen, können Sie diese Schlinge noch mit einem Fell polstern.

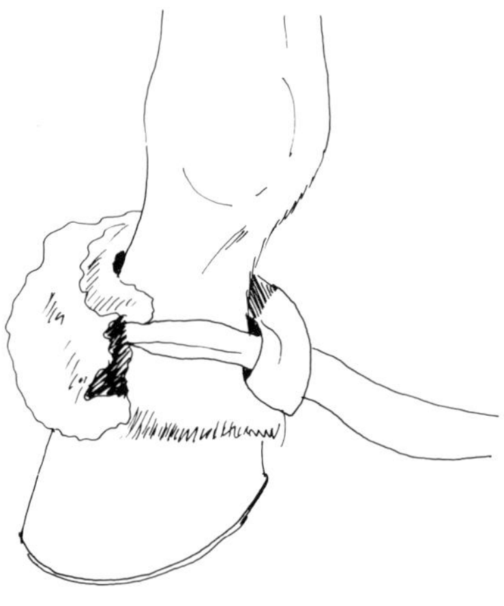

Abb. 27
So wird die Beinlonge um die Fessel gelegt.

Zum Anlegen der Beinlonge lassen Sie sich auf die gewohnte Art vom Pferd den Huf geben und legen die (gepolsterte) Schlinge um die Fessel. Ziehen Sie nur soviel an, daß die Schlinge nicht abrutscht. Der Austritt der Longe ist in der Fesselbeuge.

Stellen Sie sich nun auf Höhe der Sattellage mit Front zum Pferdekopf neben Ihr Pferd und zupfen Sie an der Beinlonge. Reagiert das Pferd nicht, stellen Sie sicher, daß es die Vorgänge überhaupt zur Kenntnis nimmt und nicht später erschreckt aufwacht.

Abb. 28
Zupfen Sie solange an der Beinlonge, bis das Pferd sein Bein ungerührt stehen läßt.

Bleibt das Pferd trotz Zupfen ruhig, ist das gut. Wahrscheinlicher ist, daß Ihr Pferd auf Ihr Zupfen hin zunächst das Bein anheben wird. Kommentieren Sie das mit "nein" und zupfen Sie weiter, bis es den Huf stehen läßt. Das ist wichtig, denn das Pferd soll das Bein später auf eine Touchierhilfe hin anheben und nicht auf einen Longenzug. Auf diesen Umstand kann ich gar nicht genug hinweisen. Fast immer liegt schon hier am allerersten Anfang der Grund verborgen, wenn später die Umstellung von der Beinlonge auf die Gerte nicht klappt.

Hat Ihr Pferd beim Beschnuppern der Longe Mißtrauen gezeigt oder stufen Sie es als ängstlich ein, sorgen Sie schon vor Beginn der Übung dafür, daß es nicht flüchten kann, und zupfen Sie vorsichtig, aber konsequent so lange, bis das Pferd erkennt, daß ihm keine Gefahr droht. In allen Fällen sollten Sie bei Erfolg füttern. Es ist sehr wichtig, daß das Pferd die Beinlonge schon von Anfang an mit positiven Erlebnissen verknüpft.

Die folgenden Illustrationen und Erläuterungen gelten für den Fall, daß Sie auf der linken Pferdeseite arbeiten. Auf der rechten Seite gilt Entsprechendes, nur seitenverkehrt.

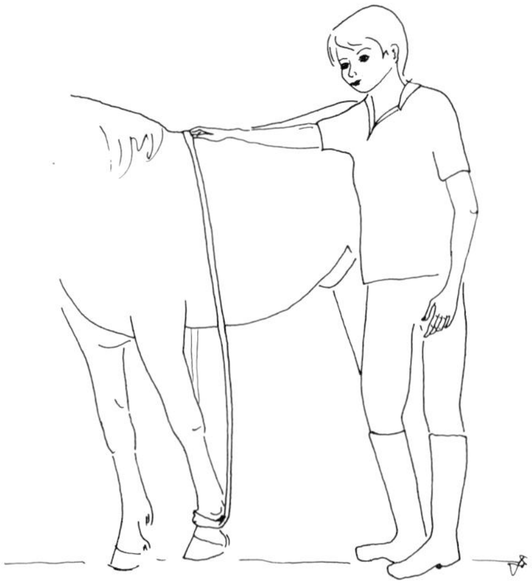

Abb. 29

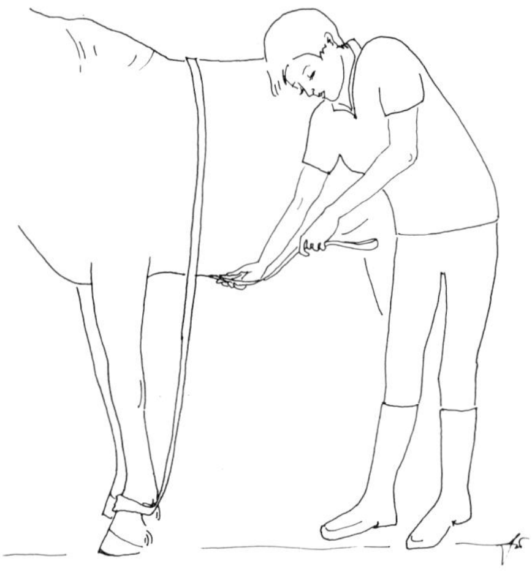

Abb. 30

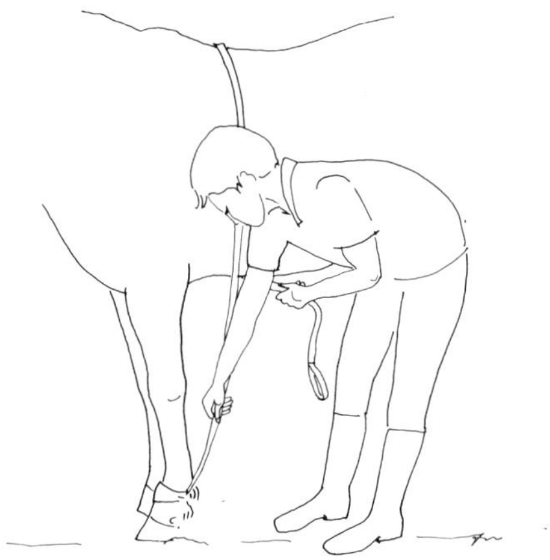

Abb. 31

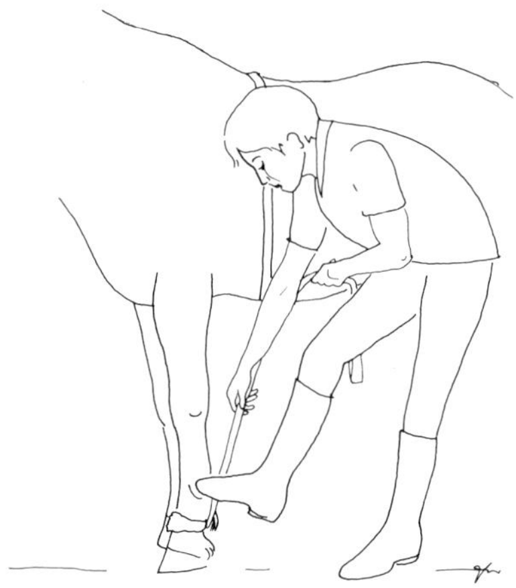

Abb. 32

Als nächstes legen Sie die vom Bein aufsteigende Longe über den Rücken hinter dem Widerrist auf die andere Seite des Pferdes hinüber. Entweder sorgt nun ein Helfer dafür, daß sie dort glatt anliegt, oder Sie selbst gehen um das Pferd herum und drehen die Longe aus.

Unter dem Pferdebauch her führt die Longe in Ihre linke Hand. Spannen Sie die Longe nun vorsichtig an und zupfen Sie wieder, bis Sie sicher sind, daß Ihr Pferd die Vorgänge aufmerksam verfolgt hat. Füttern! (Vorsicht: Ungerittene Pferde müssen vorher an einen Gurt oder jedenfalls an ein Band um den Bauch gewöhnt werden).

Die folgenden Übungen führen Sie bitte mehrmals aus. Nicht nur Ihr Pferd muß sie dulden, sondern vor allem Sie müssen Ihre Griffe üben und Ihre Bewegungen koordinieren, bis sie automatisch ablaufen.

Sie nehmen das Ende der Beinlonge, das unter dem Bauch herkommt, in die linke Hand und greifen mit dem rechten Arm über dem linken die Beinlonge in Höhe des Karpalgelenkes (Sie müssen sich etwas bücken). Ein leichtes Tippen mit dem Fuß gegen das Röhrbein wird das Pferd veranlassen, sein Bein zu heben, da Sie es in den vorangegangenen Touchierübungen hierfür sensibel gemacht haben.

Warum tippe ich mit dem Fuß? Selbstverständlich hat das nichts mit einem Fußtritt zu tun. Eigentlich müßte man mit der Gerte tippen, aber dazu ist keine Hand mehr frei. Wer den Fuß nicht benutzen möchte, läßt einen Helfer mit der Gerte touchieren.

Bitte benutzen Sie zum Touchieren nicht die Hand! Dies könnte in der Folge zu unerwünschten Assoziationen beim Pferd führen und womöglich zu Problemen im täglichen Umgang. Das Pferd darf diese Übung keineswegs mit dem üblichen Hufegeben in Verbindung bringen. Dann bestünde nämlich die Gefahr, daß es in solchen Situationen ein Kompliment macht (Hufe auskratzen, Schmied!).

Am allerwichtigsten ist, daß Sie unter allen Umständen touchieren oder touchieren lassen. Darauf zu verzichten, ist einer der häufigsten Fehler bei der Beinlongenarbeit und wird von Kursteilnehmern in diesem Ausbildungsstadium in seiner Folgenschwere leider meist nicht erkannt. Ein Kursleiter, der hier mit seinen Anweisungen nicht locker läßt, ist nicht etwa perfektionistisch oder gar kritiksüchtig, denn er weiß, daß der zukünftige Erfolg der Umstellung auf Gertenhilfen völlig vom konsequenten Touchieren von allem Anfang an abhängt.

Hebt das Pferd auf die Touchierhilfe sein Bein, fangen Sie dieses mit dem Band in Ihrer rechten Hand auf - es hängt nun erstmalig in einer Schlinge. Nach dem Wortkommando "ab" setzen Sie den Huf wieder zu Boden. Dies wiederholen Sie mehrmals und loben das Pferd reichlich.

Abb. 33

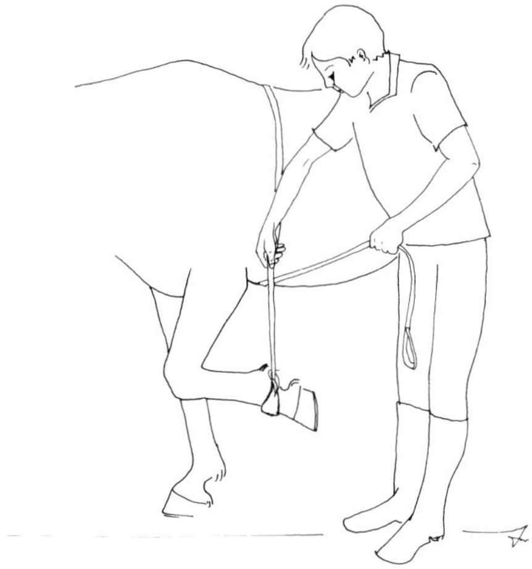

Abb. 34

Es genügt, das Röhrbein in die Waagerechte anzuheben. Ein höheres Heraufziehen wird dem Pferd unbequem.

In einem nächsten Gewöhnungsschritt ziehen Sie, nachdem Sie den Huf wie beschrieben aufgenommen haben, mit der linken Hand die Beinlonge unter dem Bauch straff und lösen dann die rechte Hand vorsichtig.

Nun tragen Sie das Pferdebein mit dem ausgestreckten linken Arm, und das Pferd erlebt erstmals das Gefühl, daß sein Bein an seinen Körper gebunden ist. Fängt es nun an zu zappeln, um sich zu befreien, erlauben Sie ihm solange, das Bein wieder abzusetzen, bis es nicht mehr fürchtet, gefesselt zu werden. Ein Fluchttier fühlt sich durch Fesseln seiner Beine seiner wichtigsten Waffe beraubt und wehrlos ausgeliefert. Wenn es aber merkt, daß wir es sofort loslassen, wenn es sich unsicher fühlt, wächst sein Vertrauen in unsere Maßnahmen, und es wird sein Bein bald furchtlos in der Longe hängen lassen.

Wenn Sie das Pferdebein auf diese Art einige Male aufgehoben haben, ergreifen Sie mit Ihrer linken Hand die Beinlonge nahe am Pferdebauch (ca. 30 cm entfernt). Die freie rechte Hand lobt das Pferd. Sie haben nun die Ausgangsstellung für die Wiegeübungen, mit denen Sie das Komplimenttraining einleiten, erreicht.

Zum Herunterlassen des Beines müssen Sie unbedingt darauf achten, daß Sie mit der rechten Hand die Beinlonge wieder oberhalb des Hufes übernehmen, damit nicht das noch belastete Band unter dem Bauch hindurch gezogen wird, was für das Pferd schmerzhaft sein kann.

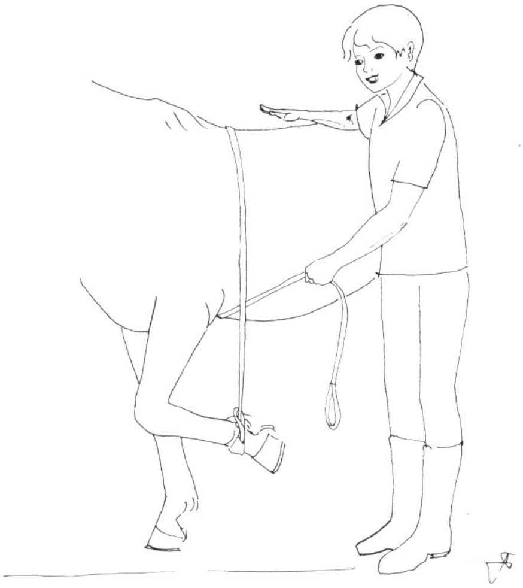

Abb. 35
Die linke Hand trägt das Pferdebein in der Longe, die rechte Hand ist freigeworden, hier zunächst zum Loben. Später greift sie zu den Wiegeübungen in die Zügel.

5.8 Gymnastik auf dem Postament

Man sollte die beschriebenen Vorübungen, die sehr viel Disziplin und Konzentration erfordern, immer wieder unterbrechen und dem Pferd erlauben, sich zu bewegen. Abgesehen von verschiedenen Führübungen (vgl. Kap. 9.2) eignet sich dazu besonders, den Pferden das Ersteigen von Postamenten beizubringen. Es macht ihnen nicht nur viel Spaß, sondern es baut ihr Ego auf und ist darüberhinaus gymnastisch für die angestrebte Lektion Kompliment wertvoll.

Das Postament ist ein häufig verwendetes Requisit von Tierdressuren im Zirkus. Ob es Raubkatzen, Elefanten oder Pferde und Ponys sind, die ein Postament ersteigen, immer ist ihnen der spontane Applaus des Publikums sicher, das sich darüber freut, mit welcher Zufriedenheit und mit welchem Stolz auf sich selbst die Tiere ihren erhöhten Platz einnehmen.

Ganz so einfach, wie es aussieht, ist es aber für ein Pferd gar nicht, auf ein Postament zu steigen. Damit ist durchaus eine körperliche und geistige Herausforderung verbunden. Wir wollen im folgenden den Ausbildungsweg eines Pferdes am Postament Schritt für Schritt nachvollziehen und dabei die Schwierigkeiten und auch den Nutzen kennenlernen.

Die meisten Pferdebesitzer, die nicht professionelle Tierlehrer sind und nicht über Zirkusrequisiten verfügen, verwenden als Postament die in verschiedenen Größen erhältlichen hölzernen Kabelrollen, die oft gern gegen Erstattung des Pfandgeldes von entsprechenden Firmen abgegeben werden. Sie sind preiswert, stabil und einigermaßen kippsicher, womit sie die wichtigsten Anforderungen erfüllen. Ein Nachteil ist ihr Gewicht und ihre Sperrigkeit, was es umständlich macht, sie zu transportieren.

Ein anderer Nachteil ist die Abhängigkeit des Durchmessers von der Höhe. Sehr niedrige Kabelrollen, deren Höhe sich für das Anfängerpferd oder für ein Pony gut eignet, sind so klein, daß sie nicht leicht "anzuzielen" sind und leicht kippen. Kabelrollen mit großem Durchmesser, die das Pferd leicht trifft und die aufgrund ihres sicheren Standes Vertrauen einflößen, sind für manche Pferde schon zu hoch, um sie ersteigen zu können.

Wir wählen für den Anfang auf jeden Fall niedrige Höhen und sichern das Postament gegen das Umfallen, indem wir mit dem Fuß auf die untere Platte treten.

Bei seiner ersten Begegnung mit einem Postament lassen Sie Ihrem Pferd Zeit für eine eingehende Untersuchung. Es wird den neuen Gegenstand beschnuppern und mit dem Maul betasten. Manche Pferde prüfen das Material anschließend sogar mit den Zähnen. Ist das Postament einladend niedrig, muß man auch damit rechnen, daß es mit den Vorderhufen "befühlt" wird. Das wäre für unsere Absichten ideal, man muß aber dabei sein, um zu verhindern, daß es kippt. Wenn die obere Platte der Kabelrolle mit Teppich überspannt ist, kann nichts splittern, und Sie dürfen Ihr Pferd getrost eine Weile darauf herumklopfen lassen. Loben Sie Ihr Pferd für jede mutige Untersuchung des neuen Gegenstandes.

Sobald sich das Pferd ausreichend vertraut gemacht hat, gestalte ich das folgende Postamenttraining von Anfang an so systematisch, daß typischen Fehlern vorgebeugt wird.

Das Pferd muß sich in einer bestimmten Entfernung vor dem Postament anhalten lassen und dort stehenbleiben. Diese Entfernung ergibt sich aus der Größe des Pferdes und der Höhe des Aufstiegs und entspricht in etwa einer knappen Schrittlänge (bei mittleren Pferden ungefähr ein halber Meter). Aus größerer Nähe gelingt es bei höheren Postamenten vielleicht nicht mehr, das Bein über die Platte zu heben. Bei kleineren Postamenten träfe der Huf auf den gegenüberliegenden Rand, das Pferd würde beim anschließenden Aufsteigen nach vorne fallen. Ist der Abstand zu groß, erreicht der Huf nicht mehr die sichere Mitte und das Postament fällt dem Pferd entgegen.

Ohne sich weiter zu nähern, soll das Pferd das Postament nun mit der Nase untersuchen, um die Entfernung zu messen und die Größe abzuschätzen, denn das Postament steht im toten Winkel und kann vom Pferd aus nächster Nähe mit dem Auge nicht mehr taxiert werden. Selbst mit erfahrenen Postamentpferden behalte ich dies später immer bei:

Das Pferd darf sich nur im verkürzten Schritt nähern und muß vor dem Aufsteigen stehen bleiben und Maß nehmen.

Nach dem Halten und Taxieren lasse ich das Pferd - schon vor dem ersten Aufsteigeversuch - zurücktreten und belohne es für williges Rückwärtsrichten. Manche Pferde werden später so "postamentsüchtig", daß sie nur widerwillig absteigen und am liebsten sofort wieder aufsteigen möchten. Darum gibt es später bei mir die Belohnung auch nicht für das Aufsteigen, sondern nur noch für folgsames Absteigen.

Wenn Ihr Pferd diesen ersten Ausbildungsschritt beherrscht (annähern - Maß nehmen - zurücktreten), fordern Sie es auf, einen Huf auf die Platte zu setzen. Befindet sich das Pferd schon in der Ausbildung für den Spanischen Schritt, rufen Sie eine Vorderbeinhebung ab und loben sofort, wenn der Huf auf die Platte auftrifft. Dort halten Sie ihn mit der Hand fest. Ansonsten heben Sie ein Vorderbein auf und führen den Huf mit der Hand, setzen ihn mit der ganzen Sohle möglichst mitten auf der Platte auf und loben (und lassen füttern), während Sie ihn festhalten. Benutzen Sie schon jetzt die entsprechenden Stimmhilfen "auf" und "ab". Üben Sie solange, bis das Pferd den Huf nicht mehr von sich aus wegziehen will, sondern Ihr Kommando abwartet. Im Anschluß an einige erfolgreiche "Aufs" und "Abs" mit einem Huf wird das Pferd zurückgerichtet. Es ist wichtig, daß es sich einerseits möglichst oft in der Annäherung übt, andererseits lernt, am Postament nicht zu drängeln.

Auch wenn wir uns bemühen, den Huf zu Beginn des Trainings mitten auf die Platte zu setzen, damit beim Aufsteigen das Postament sicher steht, müssen die Pferde später aber doch lernen, das Bein selbst zu positionieren, indem sie durch Betasten und vorsichtiges Belasten austesten, ob sie sicheren Stand haben.

Abb. 36
Damit die Pferdehufe nicht rutschen, ist die Kabelrolle mit einem Kokosteppich überspannt. Johnny (rechts) balanciert selbst, Maya ist noch zu unbeschwert und überläßt diese Aufgabe gerne einem Helfer. Aus Sicherheitsgründen sollte ein Postament rund sein ohne scharfe Kanten und Ecken. Auch das Unterteil einer Tonne, auf dem man einen Deckel anbringt, eignet sich gut.

Erlauben Sie Ihrem Pferd bei diesen Übungen nicht, sich mit der Hinterhand seitlich wegzudrehen. Damit entzieht es sich dem präzisen Ausbalancieren seines Körpergewichtes. Sobald das erste aufgesetzte Bein belastet wird, muß das Pferd unbedingt auf gerader Linie stützen und stemmen. Ansonsten gelingt entweder das Aufsteigen gar nicht, oder das Pferd rutscht ab oder bringt das Postament zum Kippen.

Sobald das Pferd auf Aufforderung einen Huf auf das Postament setzt und dort läßt, ermuntern Sie es zum Aufsteigen, indem Sie es zunächst einmal nur am Halfter voranzupfen und mit der Stimme auffordern. Da viele Pferde gerne klettern, finden sie oft schon ganz spontan die gewünschte Bewegung heraus.

Versteht das Pferd Sie nicht oder zögert es, sollten Sie mit Helfern arbeiten. Während Sie am Kopf des Pferdes stehen und es locken, kann eine andere Person den aufgesetzten Huf stützen und gut auf die Unterlage drücken (das Pferd verliert dadurch seine Bedenken zu rutschen), eine weitere steht auf der anderen Seite des Pferdes und führt und hält das zweite Bein.

Oft ist eine vorsichtig gegebene treibende Hilfe an der Hinterhand ausschlaggebend, damit das Pferd versteht, daß es sich nicht nur vorne hochstemmen, sondern auch von hinten her abdrücken muß. Halten Sie den Führstrick locker und lassen Sie dem Pferd viel Halsfreiheit, damit es ihn lang nach oben strecken kann.

Ein Pferd, welches den Bewegungsablauf beherrscht, wird das zuerst aufgesetzte Vorderbein schon durchstrecken, noch ehe es sich mit den Hinterbeinen abdrückt. Es bleibt somit zwischen stützendem Vorderbein und stemmender Hinterhand gut ausbalanciert, die Bewegung geht mehr nach oben als nach vorne, das zweite Vorderbein wird sozusagen nachträglich abgesetzt.

Wenn Ihr Pferd also beim ersten Versuch, sich hochzustemmen, sein Vorderbein durchdrückt, dadurch mit dem anderen Vorderbein die Platte zunächst nicht erreicht und rückwärts wieder absteigt, ist das genau das Richtige, und Sie müssen begeistert loben! Durch dieses Lob erreichen Sie, daß es bei den nächsten Versuchen nicht mehr so schnell absteigt, so daß Sie Zeit finden, den anderen Vorderhuf aufzufangen und an seinen Platz zu führen - geschafft!

Manche Pferde versuchen es allerdings mit einem Bewegungsablauf, der dem Aufstehen aus dem Sitzen ähnelt: Bei langem und tiefem, nach vorn gestrecktem Hals verlagern sie ihr Gewicht über das aufgesetzte Vorderbein (welches dabei einknickt) und versuchen so, sich nach vorne-oben zu ziehen.

Eine solche Bewegung sollten Sie schon im Ansatz mit "nein" kommentieren und das Pferd an der Brust zurückschieben, denn es würde sehr wahrscheinlich buchstäblich "auf die Nase" fallen. Beim nächsten Versuch stützt ein Helfer das aufgesetzte Vorderbein am Karpalgelenk und am Fesselgelenk gut ab, so daß das Pferd es durchgestreckt läßt. Um dem Pferd diesen fehlerhaften Bewegungsablauf gar nicht erst nahezulegen, stellt man sich zum Locken auch nicht dem Pferd gegenüber auf die andere Seite des Postaments, sondern bleibt neben ihm stehen.

War Ihr Pferd erst einmal oben und ist es Ihnen gelungen, es dort oben eine Weile zu füttern, haben Sie gewonnen. Alle Pferde zeigen Wohlbehagen, wenn sie auf Postamenten stehen dürfen. Sie genießen den Rundumblick und das Gefühl, groß zu sein. So wird es mit der Zeit zu einer Belohnung in sich.

Das Ersteigen von Postamenten fördert die Balancierfähigkeit ganz außerordentlich, sowohl hinsichtlich des richtigen Einschätzens der Situation (Entfernung, Größe und Stabilität) als auch bezüglich der körperlichen Koordination.

Das Pferd lernt, seinen Körperschwerpunkt zwischen Vorhand und Hinterhand fließend zu verlagern und mal mehr stützend, mal mehr stemmend in jedem Augenblick des Bewegungsablaufs das Gleichgewicht zu behalten.

Daß aber nicht nur die Geschicklichkeit, sondern auch die Kraft trainiert wird, merkt man deutlich, wenn man sein Pferd auf ein hohes Postament steigen läßt. Manchem Pferd um 1,55 Meter Stockmaß sieht man die Anstrengung bei einer Höhe von 0,70 Metern schon deutlich an. Viel höhere Postamente kann ein Pferd nicht mehr erklimmen, sondern es muß sie buchstäblich "ersteigen", indem es sich auf beide Hinterbeine erhebt und mit den Vorderbeinen zugleich landet.

Eine ganz ähnliche Geschicklichkeit und ähnliche Kraftentfaltung wie beim Postamenttraining wird für das Kompliment erforderlich.

Beim Kompliment erinnert der Bewegungsablauf beim Hinunter an die erste Phase des Aufsteigens aufs Postament, in der sich das Pferd bei durchgestrecktem Vorderbein vermehrt mit dem Gewicht über die Hinterhand schiebt, ehe es sich mit dieser nach oben abdrückt. Das Stemmen nach vorne-oben über das stützende Vorderbein finden wir wieder beim Aufstehen aus dem Kompliment. Dazwischen liegt ein möglichst kräftesparendes Ausbalancieren des Körpers zwischen Vor- und Hinterhand.

6 Der Ausbildungsweg und die folgerichtige Entwicklung der Hilfensprache

6.1 Aufbau des Ausbildungsweges

Eine Ausbildung, bei der das Pferd mehrere Lektionen "zu Boden" erlernen soll, sollte mit dem Kompliment beginnen.

Zum einen können wir so eine systematische Begriffsbildung und eine entsprechende Hilfengebung aufbauen.
Das Touchieren einer Vorderröhre bedeutet: Niedergehen auf dieses Bein (Kompliment).
Das Touchieren beider Vorderröhren bedeutet: Niedergehen auf beide Vorderbeine (Knien).
Das Touchieren beider Vorderröhren mit anschließendem Touchieren einer Bauchseite bedeutet: Ablegen auf der gewünschten Körperseite.

Zum anderen wird mit den Vorübungen zum Kompliment und mit dem Kompliment selbst vorsichtig mit den Dehn- und Kräftigungsübungen begonnen. So verlangt z.B. das Knien schon eine stärkere Dehnfähigkeit der Muskulatur des Rückens und der Hinterhand als das Kompliment.

Außerdem kostet es die Hinterhand mehr Kraft, da sie für Sekundenbruchteile das ganze Körpergewicht übernehmen muß. Noch mehr Kraft kostet das Ablegen und das Aufstehen aus dem Liegen oder gar Sitzen.

Abb. 37

Abb. 38

Deutlich erkennt man die im Knien extrem untergesetzte Hinterhand und den stärker als im Kompliment aufgewölbten Rücken.

Ein gutes Kompliment ist eine außerordentliche Balanceleistung und verlangt vom Pferd unter Umständen sogar mehr Körperbeherrschung als das Knien und auf jeden Fall mehr als das Hinlegen. Auch deshalb ist es ratsam, als erste Lektion das Kompliment zu lehren. Danach ist das Pferd feinmotorisch so weit gefestigt, daß auch die folgenden Lektionen elegant gelingen. Man beugt so auch einem häufigen Fehler vor, den sich vor allem "gemütliche" Pferde angewöhnen: Anstatt ein Kompliment zu machen, legen sie sich nur noch ab, weil sie zum Balancieren zu faul sind!

An dieser Stelle möchte ich kurz begründen, warum ich das "Plié" nicht zu den Zirkus"lektionen" rechne.

Beim "Plié" hält das Pferd beide Vorderbeine gestreckt nach vorne und senkt die Schulterpartie und den Rücken direkt hinter dem Widerrist ab.

Dabei dehnt es zwar die für die Schulterfreiheit wichtige Muskulatur, drückt aber den Rücken nach unten durch bei schlaffer Bauchmuskulatur. Pferde nehmen diese Haltung sehr gerne von selbst ein, wenn sie sich nach dem Aufstehen strecken und recken. Man kann auch häufig beobachten, daß Pferde sich im Zusammenhang mit Komplimentübungen auf diese Art dehnen. Meist signalisieren sie damit ihre Erwartungshaltung, wenn sie an der Situation erkennen, daß man als nächstes ein Kompliment von ihnen erwartet. Diese Beobachtung halte ich insofern für hochinteressant, als sie vermuten läßt, daß komplimenterfahrene Pferde diese Übung mit wohligem Stretching assoziieren.

Mit Komplimenten, die abwechselnd rechts und links durchgeführt werden, erreicht man auch einen Dehneffekt an Vorderbeinen und Schulter, stärkt aber gleichzeitig auf der Stützbeinseite die entsprechende Muskulatur, dehnt die Bewegungsmuskeln des Rückens und strafft die Unterlinie - kurz, man tut nur Dinge, die dem Reitpferd gymnastisch nützen.

Um den Gehorsam des Pferdes zu sichern und den Menschen nicht zu gefährden, lehne ich es ab, Steigen auszubilden und zu lehren, bevor ein Pferd nicht eine gründliche "Down-Erziehung" genossen hat und auch seinem Trainer sämtliche Ausbildungsschritte geläufig sind. Schließlich kann ein schlechter Vorführer auch mit einem hervorragend ausgebildeten Pferd gefährliche Situationen heraufbeschwören.

Auch beim Spanischen Schritt handelt es sich um Erhebungen der Vorhand, die bei temperamentvollen Pferden schnell zu einer wirklichen "Erhebung" eskalieren können, wenn die Gehorsamserziehung lückenhaft war. Mit Vorübungen zum Spanischen Schritt sollten Sie also auch erst beginnen, wenn das Pferd Komplimente kann, und wenn Sie schon mit der Touchiergerte umgehen können.

Dann kann eine Ausbildung zum Spanischen Schritt dem weiteren "zu Boden"-Training parallel laufen. Schulterhebungen lassen sich sinnvoll einsetzen, wenn das Pferd sitzen lernen soll. Auch das Ersteigen von Postamenten kann so gelehrt werden.

Das Steigen entwickele ich aus den Schulterhebungen rechts und links. Sobald das Pferd das Touchieren einer Schulter mit einer Vorderbeinhebung beantwortet, kann man durch das gleichzeitige Touchieren beider Schultern eine erste Erhebung auf den Hinterbeinen anregen.

6.2 Verzeichnis der nötigen Wortkommandos

Bevor wir uns nun der Vorbereitung unseres Pferdes für das Erlernen eines Komplimentes zuwenden, müssen wir uns noch ein Wörterbuch für unser Pferd zulegen.

Damit wollen wir sicherstellen, daß sich alle verwendeten Worte eindeutig einer Lektion zuordnen lassen und daß sie lautlich so deutlich voneinander verschieden sind, daß ein Pferd sie aufgrund der Wortmelodie unterscheiden kann.

Wir beginnen mit den Worten, von denen wir glauben, daß das Pferd sie schon kennt und befolgt. Dazu gehören z.B. die Worte "komm" oder "Schritt" für das Antreten im Schritt aus dem Halten, Worte für das Antraben und das Angaloppieren, ebenso Worte für das Durchparieren zum Trab und zum Schritt.

Ferner benötigen wir ein Wort für das Anhalten (z.B. halt oder ho), ein weiteres Wort für das ruhige Stehenbleiben nach dem Anhalten (z.B. steh, bleib). Sicherlich haben Sie auch schon ein Wort für das Hufegeben (Huf, Fuß), ebenso eines für das Rückwärtsrichten (zurück, back, en arrière). Außerdem sollte das Pferd seinen Namen kennen.

Nun muß ich noch ein weiteres Signal erwähnen, von dem ich mir wünsche, daß Sie seinen Gebrauch überdenken - das ist das Zungenschnalzen.

Die meisten Menschen verwenden es, um einem vom Pferd ignorierten Befehl Nachdruck zu verleihen: Immer dann, wenn ein Pferd ein Kommando zunächst nicht befolgt, wird geschnalzt. Das Ergebnis sieht dann so aus: Schnalzen zum Hufegeben, Schnalzen zum Antreten, Schnalzen zum Rückwärtsrichten, Schnalzen zum Stehenbleiben, Schnalzen zum Hinlegen, Schnalzen zum Beschleunigen!

Wenn ein Pferd ein Wortkommando nicht befolgt, sollten Sie immer nur genau dieses Kommando wiederholen und gleichzeitig mit anderen Mitteln als der Stimme für Nachdruck sorgen, also zum Beispiel die Gerte einsetzen. Wenn Sie das nicht tun und stattdessen schnalzen, bis das Pferd sich zur Ausführung Ihres Befehls entschließt, entwerten Sie Ihr ursprüngliches Stimmkommando, bis es für das Pferd bedeutungslos geworden ist. *Ein Schnalzen ist selbst ein Stimmkommando.* Entweder behalten Sie es einer bestimmten Lektion vor (z.B. der Piaffe), oder Sie verwenden es synonym für "mehr Ausdruck" innerhalb einer bereits ausgeführten Lektion, d.h. Sie schnalzen immer dann, wenn ein Pferd einen verlangten Bewegungsablauf zwar zeigt (Ihr Stimmkommando also befolgt hat), dabei aber an Lebhaftigkeit oder Ausdruck zu wünschen läßt. Damit Ihr Schnalzen wirkungsvoll bleibt, dürfen Sie es nicht zu oft verwenden. Es sollte elektrisierend wirken, und daher müssen Sie bei Nichtbefolgen wieder mit anderen Mitteln nachfassen.

Für die neu zu lernenden Lektionen müssen neue Wortkommandos hinzukommen, die sich lautlich von allen anderen deutlich unterscheiden. Ein solches wäre z.B. das Wort "Kompliment" (Reverenz, bitte, danke, verbeugen). Das Wort "knie" sollten Sie nur verwenden, wenn Sie kein Kommando "hier" haben, sonst wählen Sie lieber das zirkusübliche Wort "à genoux". Das meist gebrauchte Wort für das Ablegen ist "down" (Sie können natürlich auch "leg Dich" sagen), für das Sitzen "sitz".

Für den Spanischen Schritt finden wir als übliche Kommandos "paso" und "fest", manche sagen "Schritt" (was in Ordnung ist, wenn für den Schritt "Scheeritt" oder "Scheriit" verwendet wird). Ein gebräuchliches Wort für das Steigen ist "hoch". Sicherlich verwenden Sie schon Worte des Lobes und des Tadels: "brav", "gut", "prima" respektive "na".

Sie sollten zwei weitere Worte in Ihr Vokabular aufnehmen, die nicht loben und nicht strafen, sondern die Sie völlig emotionslos verwenden, um dem Pferd zu sagen, ob es sich auf dem richtigen Weg befindet oder nicht.

Ich verwende dazu die Worte "ja" und "nein". Mit diesen Worten gebe ich dem Pferd Rückmeldung, sie sind für das Pferd der Faden der Ariadne, an dem es sich entlangtastet, wenn es versucht, unsere Wünsche zu erraten. Das Leben mit uns Menschen ist für das Pferd leider oft wie ein Blinde-Kuh-Spiel: Nur unser "heiß" und "kalt" sagt ihm, ob es richtig handelt. Je deutlicher und je konsequenter Sie ihm mit "ja" und "nein" bei seiner Suche nach den gewünschten Reaktionen helfen, umso streßfreier und folglich begeisterter wird Ihr Pferd lernen wollen. *Ich führe meine Pferde immer mit "ja" und "nein", auch wenn sie in ihrer Ausbildung schon weit fortgeschritten sind.* Das ist nicht nur hilfreich in Situationen, in denen das Pferd sich unsicher fühlt (Schauauftritt) oder in denen es Neues lernt, sondern es dient allgemein der Entwicklung seines Selbstwertgefühls. Pferde, die so geleitet werden, entwickeln Mut zum Risiko, sie lieben es, Neues zu probieren, sie wagen es, selbständig Probleme zu lösen.

Nichts steht erfolgreichem Lernen mehr im Wege, als wenn das Pferd Angst davor hat, Fehler zu machen.

6.3 Die Entwicklung der Hilfensprache

Wenn Sie sich entschließen, mit Ihrem Pferd in die Welt der Zirkuslektionen einzusteigen, sollten Sie sich die Möglichkeit offen lassen, darin zu wachsen. Rechnen Sie damit, daß Sie mehr und mehr lernen und erfahren wollen. Also sollten Sie sich vorausschauend ein Zeichensystem zurechtlegen, das es jederzeit erlaubt, das Repertoire zu erweitern, ohne die alten Hilfen ändern zu müssen.

Hilfen bestehen aus zwei Komponenten: aus dem Wortkommando und aus der Geste, in anderen Worten: aus Stimmhilfen und aus Körpersprache.

Zur Körpersprache gehören nicht nur die Bewegungen des Ausbilders (z.B. die Zeichensprache mit einer Gerte), sondern auch sein Standort am Pferd (davor, rechts oder links daneben, seitlich vorne oder seitlich hinten).

Die Bewegungen des Ausbilders sind zielgerichtet: Sie zielen auf eine ganz bestimmte Stelle am Körper des Pferdes, die man berühren will.

Diese sogenannten Touchierstellen sind im Prinzip natürlich völlig willkürlich. Wichtig ist nur, daß Ihre Zeichensprache in sich nicht widersprüchlich ist, dann wird das Pferd Sie immer verstehen. Sie müssen sich also ein Bild von allen zukünftigen Touchierstellen Ihres Pferdes zurechtlegen.

Wie dieses Bild aussieht, wird davon abhängen, wie Sie Ihr Pferd verwenden wollen: als Dressurpferd, als Fahrpferd, als Westernpferd, als Zirkuspferd - als Allrounder oder als Spezialisten. Was alles soll es einmal können, was kann es schon? Hat es durch Tippen auf die Brust Rückwärtsrichten gelernt, muß es als Trickpferd vielleicht umlernen, falls mitten auf der Brust das Kopfnicken ("Ja-Sagen") sitzt. Macht es auf Berühren des vorderen Röhrbeins ein Kompliment, muß man für den Spanischen Schritt oberhalb des Vorderfußwurzelgelenkes touchieren. Soll es einmal piaffieren, sollte man es nicht durch Touchieren von hinten in die Hanken das Ablegen oder Sitzen lehren.

In diesem Buch stelle ich Ihnen folgende Touchierstellen vor:

die Vorderröhre	- Niederknien auf dieses Bein (Kompliment und Knien)
die Bauchseite	- Niederlegen auf diese Seite
das Schulterblatt	- Heben und Strecken dieses Vorderbeines

Weiter oben haben wir schon ein Vokabular der Stimmhilfen für unser Pferd skizziert. Auch für die anderen Zeichen, die man einem Pferd gibt, gilt, daß sie so eindeutig sein müssen, daß Verwechslungen ausgeschlossen sein sollten.

In erster Linie muß alles unterbleiben, was nicht unmittelbar zur Sache gehört, damit man nicht mit ungewollten Zeichen das Pferd ablenkt oder verwirrt. Das fällt uns Menschen schon mit der Zunge schwer. Noch weniger sind wir uns oft unserer Bewegungen bewußt.

Tiere, denen eine Verständigungsmöglichkeit durch Sprache bekanntlich weitestgehend fehlt, sind dafür Experten im Beobachten der gegenseitigen Körpersprache: das Ohrenspiel, die Bewegungen von Maul und Nüstern, Bewegungen des Schweifes, die unterschiedlichen Arten, den Hals zu tragen - für das Pferdegegenüber hat alles einen Sinn. Mit denselben Augen sieht ein Pferd den Menschen, und zunächst einmal vermutet es, daß all unser Gestikulieren auch einen Sinn habe. Wie sehr verwirren Sie demnach Ihr Pferd, wenn Sie Ihre Gesten nicht unter Kontrolle haben!

Gehen Sie daher sparsam mit Ihren Bewegungen um, machen Sie nur solche, die eine Bedeutung haben sollen, gewöhnen Sie sich unbedingt an, *sich selbst "auf Null" zu stellen, wenn Sie nichts signalisieren wollen*: lassen Sie die Arme hängen, halten Sie die Gerte lotrecht, fassen Sie das Pferd nicht an.

Ich gebe Ihnen ein Beispiel aus der Unterrichtspraxis: Ein Pferd soll eine Schulterhebung lernen (Vorübung für Spanischen Schritt). Sie touchieren mit der Gerte die Schulter, das Pferd scharrt. Entnervt (denn das Pferd sollte ja nur *eine* Beinbewegung machen) klatschen Sie mit der Hand auf seine Schulter, um das Scharren abzustellen - falsch! Jede Berührung ist ein Touchieren, die Schulter ist eine Touchierstelle. Alles, was Sie tun können, ist: Entweder Sie stellen sich auf Null, ignorieren das Gebaren des Pferdes und warten, daß es von selbst aufhört (was es in den meisten Fällen tun wird, wenn es merkt, daß sein Verhalten ihm nichts einbringt), oder Sie gehen mit ihm, dann hört es auch auf zu scharren. Sofortiges Gehen (Führen) ist überhaupt immer dann das Mittel der Wahl, wenn Sie sich sonst nicht mehr zu helfen wissen. Jegliche Hampelei auf der Stelle findet damit ihr promptes Ende.

Das wichtigste Element der Körpersprache bei Zirkuslektionen sind die Signale mit der Gerte oder Peitsche. Sie bestehen aus den Variationen des Touchierens bestimmter Körperteile des Pferdes, die sich später bis zum bloßen Zeigen verfeinern können.

Zu Beginn eines Lernabschnittes bevorzugt man Zeichen, die das Pferd möglichst instinktiv versteht. Danach wird ein dem Pferd bekanntes Zeichen mit einem neuen so verknüpft, daß das Pferd mit der Zeit begreift, daß beide das gleiche bedeuten sollen. Nun kann man das alte Zeichen weglassen und es durch das neue ersetzen.

Zum Beispiel: Wenn man mit einer Gerte in die Vorderröhre eines Pferdes "beißt", erhofft man sich als instinktive Reaktion, daß das Pferd sein Bein anzieht (vielleicht sogar damit einknickt). Sobald das Pferd nun an der Beinlonge sein Kompliment ausführt, begleitet man die Einwirkungen an der Beinlonge neuerlich mit einem Touchieren mit der Gerte, so daß das Pferd nach ausreichenden Wiederholungen allein auf diese Gertenberührung hin sein Kompliment ausführt. Jetzt hat der "Biß" mit der Gerte über die anfängliche Bedeutung hinaus weitere Bedeutungen hinzugewonnen, nämlich alle, die sich mit der Beinlonge assoziieren: Einem gegnerischen Biß konnte es notfalls noch entfliehen. Der Fußlonge konnte es nicht entfliehen, wenn es nicht stürzen wollte. Sie tat zwar nicht weh, doch mußte es ihr gehorchen. Wenn es ihr gehorchte, half sie ihm beim

Balancieren und brachte es zum Erfolg, wofür es belohnt wurde. Jetzt erst ist die Gerte zum Zauberstab geworden: Sie ist zwar ein Machtinstrument, doch voller positiver Assoziationen. Für das Pferd zahlt es sich aus, ihren Signalen zu folgen.

Inzwischen haben Sie für sich und für Ihr Pferd zweierlei vorbereitet: ein Vokabelheft und eine Touchierstellensystematik. Beide sind eindeutig: Zu einer Lektion gehört immer nur eine Touchierstelle, die man berührt oder auf die man zeigt, und ein Wortkommando, das sich mit keinem anderen verwechseln läßt.

In Kapitel 8 werden Sie bei der Besprechung jeder Lektion erfahren, wie Sie die einzelnen Elemente der Hilfensprache zu einer Hilfe zusammensetzen.

7 Die Bedeutung der Zirkuslektionen für die Psyche des Pferdes

An den Anfang dieses Kapitels setze ich ein Zitat aus einem Buch, zuerst erschienen im Jahre 1912 (Stefan von Máday, Psychologie des Pferdes und der Dressur, 3. Nachdruckauflage Olms 1997). Auf S. 243 spricht Máday über die Methoden des englischen Pferdebändigers J.S. Rarey, hier insbesondere über dessen Beobachtungen zum Niederlegen von Pferden mithilfe von Fußfesseln, an deren Ende die Bemerkung steht:

> "Der Zweck der ganzen Manipulation ist, daß das Tier ... zu dem Schlusse gelange, daß der Mensch es ist, der es durch höhere Kraft besiegt hat, und daß er immer imstande ist, es zu unterjochen."
>
> "Das merkwürdigste ... ist, daß das Pferd von dem Augenblicke an, wo es sich erhebt, eine persönliche Freundschaft mit dem Lehrer geschlossen zu haben scheint und ihm nach einiger Aufmunterung im ganzen Zirkus herum zu folgen pflegt."

Inhaltlich finden wir hier zwei Aspekte angesprochen, die im Leben eines Pferdes von größter Bedeutung sind: "Unterwerfung" (bzw. das Einordnen in eine Ranghierarchie) und "Freundschaft".

Das Eingebettetsein in eine hierarchische Herdenstruktur gibt dem einzelnen Pferd ein Gefühl der Sicherheit, da die Ranghöheren es vor Gefahren beschützen. Neben und unabhängig von den Beziehungen der Rangordnung gibt es Sympathien und Antipathien, die zusätzlich den Gruppenzusammenhalt stärken. Beides - Unterwerfung und Freundschaft - sind psychologische Grundbedürfnisse des Pferdes. Auch wir Menschen müssen diese befriedigen, wenn wir erfolgreich mit Pferden leben und arbeiten wollen.

Wenn man sich bei einem Pferd Respekt verschaffen will, damit es sich unterordnet, läßt man es "weichen" und tut damit das, was in einer Herde der Ranghöhere mit dem Rangniederen tut: Er verjagt es von seinem Platz, vorwärts, seitwärts, rückwärts - oder abwärts (auf die Knie)!

Je mehr Widerstand beim Pferd man dabei erfolgreich (aber fair und schmerzlos) überwindet, desto mehr Respekt hat man sich verschafft. Allen bekannten Pferdeausbildungsmethoden liegt dieses Weichen zugrunde (lesen Sie hierzu vor allem Parelli).

Von allen Arten des Weichenlassens setzt ein Pferd dem "Down" zunächst einmal den größten seelischen Widerstand entgegen, denn für ein Fluchttier ist die Einschränkung seiner Bewegungsfreiheit und Fluchtfähigkeit die größte seelische Belastung. Im Flachliegen ist das Pferd am wehrlosesten. Also wäre das Ablegen des Pferdes die respektverschaffendste Maßnahme von allen.

Was in obigem Zitat aber als merkwürdig bezeichnet wird, ist die Tatsache, daß ausgerechnet eine solche Unterwerfungsübung im Pferd seinem Lehrer gegenüber freundschaftliche Gefühle auslöst. Wenn ich in den folgenden Abschnitten versuche, diese merkwürdige Tatsache zu erklären, lehne ich mich eng an unsere Worte von 1995 (Schauberger/Wiemers, Zirkuslektionen mit Pferden) an. Aus heutiger Sicht möchte ich zwar vorsichtiger formulieren, kann aber prinzipiell die damaligen Beobachtungen nach wie vor nur bestätigen.

Freundschaft unter Pferden äußert sich hauptsächlich im engen körperlichen Kontakt: soziale Fellpflege, gemeinsames Fressen und Saufen, gemeinsames Ruhen.

Mit ganz bestimmten Bewegungen vergewissern Pferde sich ihrer gegenseitigen Freundschaft: Sanft kreisende Bewegungen mit den Lippen auf dem Fell des anderen und ein Überkreuzen der Hälse über dem Rücken des anderen sind die wichtigsten. Allein schon das enge Beieinanderstehen Fell an Fell zeigt an, daß hier zwei befreundet sind.

Vergegenwärtigen wir uns nun den Ablauf der Übungen zum Kompliment oder zum Ablegen, stellen wir fest, daß dabei ganz zwangsläufig zwischen dem Trainer und dem Pferd körperliche Konstellationen entstehen, die in der Pferdesprache nur als Angebot innigster Freundschaft verstanden werden können.

Während der Ausbilder bei den Vorübungen zum Kompliment vor allem durch sein Arbeiten auf Distanz zum Pferd die Rangfrage klärte, belohnt er bei der ersten Bodenberührung sein Pferd durch Streicheln, er kann seinen Zügelarm über Hals oder Rücken legen und imitiert damit das beruhigende Herüberlegen des Pferdehalses, er stützt das Pferd mit der Hand beim Balancieren - in jedem Falle gibt er die körperliche Distanz auf und signalisiert dem Pferd damit in dessen Augen seine Freundschaft. Beim liegenden Pferd geschieht dasselbe mit verstärkter Intensität, denn nur sehr enge Freunde liegen dicht beieinander.

So erweisen sich die Zirkuslektionen "zu Boden" nicht nur als ein besonders geeignetes Mittel, sich dem Pferd gegenüber Autorität zu verschaffen, sondern sie bewähren sich gleichzeitig als ein "direkter Weg in sein Herz". (Schauberger/Wiemers, Zirkuslektionen mit Pferden, Bd. 2, S.10)

Eine pferdepsychologische Deutung des Kompliments könnte vielleicht so aussehen:

Einerseits ist das Kompliment geprägt von einer Beziehung der Überlegenheit und Unterordnung der beiden Beteiligten. Die touchierende Gerte symbolisiert den Biß des Pferdekontrahenten, das Niederknien als defensiver Reflex ist Ausdruck der momentanen Unterlegenheit, und da die angelegt gehaltene Gerte den Wehrlosen beliebig lange unten halten kann, wird diese Übung zur schmerzlosen Demonstration anhaltender Überlegenheit.

Außerdem tragen auch die richtig durchgeführten Vorübungen das ihre dazu bei, das Kompliment als dominanzherstellende Übung bedeutungsvoll zu machen: das Festhalten eines Vorderbeines mit der Beinlonge, die "treibende" (d.h. weichen lassende) Position des Ausbilders, der in Höhe der Sattellage, also hinter dem Gesichtskreis des Pferdes, steht, die Möglichkeit, das Pferd am Fliehen hindern zu können (Kopfstück und Beinlonge), das Einhalten einer körperlichen Distanz, zuletzt die Tatsache, daß der Mensch gegenüber dem "gebeugten" Pferd größer erscheint als dieses. (Ein imponierenwollendes Pferd macht sich immer groß. Pferde in Demutshaltung machen sich klein, indem sie die Hinterhand senken, den Schweif einziehen und den Hals lang und tief tragen).

Andererseits hat der Ausbilder während der Übungsphase des Kompliments von genau den Möglichkeiten Gebrauch gemacht, die dem Pferd signalisieren, daß er ihm innigste Zuneigung anbietet. Daher wird das Pferd diese Lektion auch weiterhin mit den entsprechenden Gefühlen assoziieren. Außerdem wird ein guter Trainer natürlich immer wieder mit denselben Gesten Lob spenden und die Freundschaft untermauern.

Die psychische Wirkung des Kompliments könnte man so auf den Punkt bringen: Das Pferd erlebt seinen Lehrer gleichzeitig als Chef und als seinen besten Freund. (Schauberger/Wiemers, Zirkuslektionen mit Pferden, Bd.2, S.14)

Somit sind zwei der wichtigsten seelischen Bedürfnisse des Pferdes befriedigt und symbolisch in ein und derselben Person vereinigt: sein Streben nach Sicherheit unter der Obhut eines überlegenen Führers und sein Wunsch, einen befreundeten Partner zu haben.

Noch ein weiteres erhöht im Kompliment das seelische Wohlbefinden des Pferdes, nämlich die entspannende Wirkung der umfassenden Dehnungshaltung: langer, fallengelassener Hals, aufgewölbter Rücken, gedehnte Muskulatur von Lende, Kruppe, Gesäß und Oberschenkel. Ein längerfristig durchgehaltenes Kompliment ist ein vorzügliches "Stretching". Man darf wohl davon ausgehen, daß es beim Pferd so wie beim Menschen das allgemeine Wohlbefinden beeinflußt und für ein besseres Körpergefühl und einen ausgeprägteren Gleichgewichtssinn sorgt. (Auffallend ist die Beobachtung, daß viele Wallache und Hengste während des Kompliments ausschachten, und solche mit Erfahrung tun es sogar schon einleitend, wenn sie zur Übung Aufstellung nehmen.)

Beim Ablegen eines Pferdes erfährt diese psychische Komponente noch eine Steigerung, weil hier die Möglichkeit zur Entspannung unübertroffen ist. Nicht nur bedingt die körperliche Verfassung die seelische (das liegende Pferd entspannt sich, weil es liegt), sondern der neben dem ruhenden Pferd aufrecht bleibende Mensch übernimmt in der Vorstellung des Pferdes das Wächteramt, so wie in einer Gruppe von Pferden eines immer stehenbleibt und aufpaßt, wenn die anderen liegen. So fühlt sich das liegende Pferd in der Fürsorge des stehenden Menschen geborgen.

Das fachgerechte Ablegen eines Pferdes kann auf der seelischen Ebene geradezu zum symbolhaften Ersatz für die hierarchische Struktur der Herde und ihrer Freundschaftsbeziehungen werden: maximale Sicherheit und maximale Zuwendung.

Gerade Hengsten, die ihres Geschlechtes wegen fast immer unter Streß stehen, weil sie sich präsentieren müssen, kann man mit dem Ablegen unglaublich viel geben: Für einige Minuten ist alles Rivalisieren aufgehoben, und auch die Hengstseele kann einmal baumeln und sich behüten lassen.

Nur engste Freunde liegen Haut an Haut

Abb. 39
Gloria und Johnny auf der Pferdemesse St. Pölten 1997. Die beiden sind nicht unbedingt ein Herz und eine Seele, und sie legen sich nur Fell an Fell, wo ich als "Oberfreund" Rangstreitigkeiten verbiete.

8 Die einzelnen Lektionen in Text und Bild

8.1 Das Kompliment

8.1.1 Über das Wiegen an der Beinlonge zur ersten Bodenberührung

Als Kompliment oder Reverenz (Verbeugung) bezeichnet man die Haltung des Pferdes, in der es auf einem abgewinkelten Vorderbein "kniet", während es das andere gestreckt schräg nach vorne abstützt.

Abb. 40

Ihr Pferd ist nach den einleitenden Vorübungen (Kapitel 5) mit den einzelnen Elementen des Kompliments bestens vertraut. Nun muß es diese nur noch zusammensetzen.

Wie sagen Sie ihm das? Wie geben Sie ihm einen Begriff von der Lektion "Kompliment"?

Wenn Sie mit der Beinlonge arbeiten wollen, gibt es zwei Möglichkeiten, zwischen denen Sie je nach Ihrer inneren Einstellung wählen.

Eine dritte Möglichkeit, nämlich das Pferd nur mittels Futterbrocken ohne die Stütze einer Beinlonge nach unten zu locken, kann für einen Ausbilder keine ernstzunehmende Methode sein, da sie keine verläßlichen Ergebnisse zeitigt. Nur auf den erten Blick wirkt diese Ausbildungsart tierfreundlicher. In Wirklichkeit ist sie für die meisten Pferde mit Streß, Unlustgefühlen und Enttäuschung verbunden, weil sie (vgl. Kapitel 4) den Weg nach unten ohne Balancierhilfe oft nicht finden. Gelingt es dennoch, entspricht die erreichte Körperhaltung selten den gymnastischen (Gleichgewicht) und ästhetischen Ansprüchen und muß nachträglich verbessert werden, auch das erzeugt Streß. Außerdem entsteht hierbei oft der so typische Fehler, daß ein Pferd sich - mangels Balance oder aus Unverständnis - ablegt oder kniet, anstatt ein Kompliment zu machen. Weiter ist es sehr schwierig, das Pferd am unerlaubten Aufstehen zu hindern, auch hier ist zeitraubende Nacharbeit nötig, und oft wird dann leider auf starke Zügeleinwirkung zurückgegriffen. Schlußendlich garantiert eine Ausbildung, die auf gänzlicher Freiwilligkeit seitens des Pferdes basiert, nie seine verläßliche Mitarbeit unter ungewohnten Bedingungen wie z.B. Shows. Betrachten wir uns also die Arbeit mit der Beinlonge.

Eine gängige (und zu Recht kontrovers diskutierte) Praxis besteht darin, das Pferd mittels Beinfessel und Zäumung in die gewünschte Haltung zu zwingen. Anschließend versüßt man ihm seine Lage mit Belohnungshappen, so daß es sich im Nachhinein mit dieser Behandlung und seiner Situation arrangiert. Das wird vielleicht dann der Fall sein, wenn der Ausbilder es eilig hat oder wenn er auf das jeweilige seelische Befinden eines Pferdes nicht viel Rücksicht nehmen kann oder will. Diese Ausbilder gehen in ihrem Umgang mit Pferden davon aus, daß Pferde fast nur über den Weg der Konditionierung lernen.

Wenn Sie bei Ihrem Pferd ein komplexeres Denkvermögen voraussetzen, warten Sie ab, bis sich das Pferd die Lektion Kompliment aus den besprochenen Vorübungen selbst zusammensetzt. Sie deuten Ihrem Pferd den von Ihnen gewünschten Bewegungsablauf an und warten ab, bis es sich selbst entschließt, Ihren Wunsch zu erfüllen, weil es Sie verstanden hat und weil es sich traut. Unter Umständen dauert es so anfangs länger, bis Sie erste Erfolge erzielen. Meistens holt das Pferd den Zeitrückstand später auf, weil es besser motiviert ist und wacher mitdenkt. Außerdem verfügt es von Anfang an über eine bessere Körperbeherrschung, so daß es ihm schnell gelingt, die Lektion lange durchzuhalten. Auf jeden Fall wird es unter Streßbedingungen verläßlicher arbeiten. Das gilt nicht nur für Schausituationen, sondern es wird immer dann wichtig, wenn Sie wünschen, daß es nicht nur mit einem Fachmann, sondern mit jedermann gut arbeitet, wo es auch schon einmal nötig wird, daß das Pferd selbst erkennt, was zu tun ist und dann auch tun will, was es tun soll.

Dieser Weg zur freiwilligen Mitarbeit führt über das Wiegen mit Hilfe der Beinlonge.

Ich selbst arbeite nur noch nach der Wiegemethode. Dazu bewegt mich nicht nur die Rücksichtnahme auf das Pferd, dem ich weder seelische noch körperliche Unbequemlichkeit zufügen will, sondern auch die Vorsicht. Durch das Wiegen erlangt das Pferd die für die Lektion nötige Geschmeidigkeit und Balance in kleinen Schritten. Überdehnungen und Verletzungen durch Stürze sind deshalb kaum möglich, da das Pferd die Grenzen des "Hinab" selbst festlegt.

Das Ziel beim Wiegen mit der Beinlonge ist es, das Pferd zu Schwerpunktverlagerungen zu veranlassen, ohne daß es dabei mit den Beinen wegtritt. Es wird lernen, seinen Körper über den drei stehenden Beinen rückwärts zu schieben, bis das angewinkelte Bein Boden findet.

Sie können Ihrem Pferd schon durch eine geeignete Grundaufstellung helfen. Achten Sie darauf, daß die Hinterbeine breit und parallel stehen und nicht zu weit nach vorne unter den Bauch treten. Da der Körper ja über die Hinterbeine hinweg nach rückwärts geschoben wird, kämen diese sonst zu weit unter die Last. Das würde Ihrem Pferd eher das Steigen nahelegen als ein Kompliment. Erfahrene Pferde stellen ihre Hinterbeine vorab nach hinten heraus! Wenn Sie Ihre Vorübungen auf drei Beinen gründlich gemacht haben, weiß Ihr Pferd wahrscheinlich schon Bescheid.

Gelingt es Ihnen nicht, das Pferd entsprechend aufzustellen, lassen Sie es ruhig während der ersten Wiegeübungen etwas herumhüpfen. Es ist dabei nicht unfolgsam, sondern sucht nur nach einem neuen Gleichgewicht auf drei Beinen, und mit ein bißchen Hüpfen findet es sich auch schnell mit diesem neuen Körpergefühl ab. *Schützen Sie dabei das stehende Vorderbein mittels Bandagen oder Gamaschen.* Das empfiehlt sich in jedem Falle, solange Sie noch nicht wissen, wie Ihr Pferd reagieren wird. Selbst wenn es nur etwas mit dem aufgenommenen Bein fuchtelt, könnte es mit diesem Huf das andere Vorderbein streifen.

Bei allen Unruhereaktionen Ihres Pferdes sollten Sie die Beinlonge möglichst nicht loslassen (achten Sie auf Ihre seitliche Distanz!). *Das ist überhaupt die Regel Nummer Eins beim Wiegen: Lassen Sie bei Balanceproblemen Ihres Pferdes die Beinlonge möglichst nicht los und stützen Sie es immer zusätzlich mit der Zügelhand! Die Beinlonge trägt das Pferd*, und genau diese Erfahrung soll es beim Wiegen machen. Wenn Sie aus falsch verstandenem Mitgefühl beim ersten Zappler loslassen, "schlußfolgert" Ihr Pferd: Zuerst bringt mein Mensch mich aus dem Gleichgewicht, und dann läßt er mich auch noch fallen! Und schon hat das gerade erst in den Vorübungen aufgebaute Vertrauen einen Riß. Halten Sie die Beinlonge aber fest, bis das Pferd sich wieder gefangen hat, dann weiß es: Mein Mensch ist so stark, daß er mich halten kann, wenn ich das Gleichgewicht verliere. Also kann ich es beruhigt wagen, mich auf diese ungewohnte Anforderung einzulassen.

Vergessen Sie bei Ihren ersten Wiegeversuchen nicht, daß Sie Ihr Pferd schließlich aus dem Gleichgewicht bringen wollen! Also erschrecken Sie bitte nicht, wenn Ihnen das dann auch tatsächlich gelingt! Anstatt sich zu fürchten, rufen Sie begeistert "brav"! Dann nämlich weiß Ihr Pferd, daß es sich nicht möglichst stabil machen, sondern sich Ihren Handeinwirkungen labil überlassen soll.

Zu den ersten Wiegeübungen soll das Pferd über oder unter der Trense unbedingt ein Halfter tragen, in dessen seitliche Ösen Zügel eingehängt werden. Nur diese Zügel nehmen Sie in die Hand. So wird Ihre Zügelhand entschärft, denn solange Sie sich Ihre eigene Wiegetechnik noch erarbeiten, neigen Sie dazu, zuviel mit der Zügelhand und zuwenig mit der Beinlongenhand zu tun. Die zusätzlich vorhandene Trense kann helfen, wenn sich das Pferd am Halfter nicht gut seitlich stellen läßt.

Sie können das Halfter durch einen gepolsterten Kappzaum ersetzen. Jede andere Alternative (Sidepull, spanischer Kappzaum) wirkt schärfer und gehört nicht ins allererste Übungsstadium.

Nehmen Sie nun die Ausgangsstellung für das Wiegen ein (vgl. Abb. 7-10):

Rechtshänder beginnen auf der linken Pferdeseite, da sie dann ihre geschicktere rechte Hand in den Zügeln haben, wo mehr Feinarbeit geleistet werden muß als an der Beinlonge. Die folgenden Beschreibungen beziehen sich auf diese Ausgangsstellung. Linkshänder können auf der rechten

Pferdeseite beginnen. Sie tauschen in den Erklärungen dann bitte jeweils die Worte "rechts" und "links". Ihre linke Hand hält das linke Vorderbein des Pferdes in der Beinlonge, die rechte ergreift die Halfter-Zügel vor dem Knoten und bringt Hals und Kopf des Pferdes in die besprochene Position. Stellen Sie sich ungefähr in Höhe der Lende des Pferdes in Schrittstellung (rechtes Bein vorne, linkes Bein hinten) in einem 45°-Winkel zum Pferdekörper auf, und bleiben Sie ungefähr eine Armeslänge seitlich entfernt (vgl. Abb. 41). Sollte Ihr Pferd einmal die Balance verlieren, wird es (da Sie es nach links bewegen wollen) mit seinem linken Hinterbein einen Schritt nach links machen, um sich zu stützen. Dort sollten Ihre Füße dann nicht stehen. Feste Schuhe gehören ebenfalls zur Ausrüstung.

Das Wiegen des Pferdes erfolgt in zwei Richtungen: links-seitwärts und rückwärts auf Sie zu und nach vorwärts-rechts von Ihnen weg. Beide Impulse geben Sie mit dem ganzen Körper.

Auf sich zu bewegen Sie das Pferd, indem Sie Ihr Körpergewicht vom rechten auf das linke Bein verlagern und mit Ihrer linken Hand einen deutlichen Zug (annehmen und nachgeben) an der Beinlonge ausüben in Richtung links-rückwärts.

Mit den Zügeln bedeuten Sie dem Pferd dabei ein Abwärts-Rückwärts, indem Sie mit der rechten Hand am Schulterblatt des Pferdes *abwärts* (und nicht rückwärts) tendieren. Wenn beide Zügel anstehen, erhält das Pferd dabei folgende Signale: Die linke Maulseite oder der linke Nasenrücken erhält einen Rückwärtsimpuls, der rechte Zügel drückt von oben auf den Pferdehals (abwärts) und legt sich an die rechte Halsseite an (nach links).

Würden Sie einen Zügelzug nach rückwärts einsetzen und dabei womöglich gar mit Ihrer Hand an der Wirbelsäule entlangfahren, würden Sie Ihr Pferd im Hals eng machen und ihm den Rücken nehmen.

Wie beim Touchieren müssen Sie auch hier die Art Ihrer Einwirkungen variieren (vibrieren, zupfen, rucken, ziehen, dabei immer wechselnd annehmen-nachgeben). Das Zusammenspiel von linker und rechter Hand erfordert besonderes Geschick und sollte zeitlich versetzt erfolgen. In der Stärke der Einwirkungen herrscht die an der Beinlonge unbedingt vor. An den Zügeln sollten Sie nur Impulse geben und allenfalls millimeterweise annehmen.

Folgt das Pferd Ihren Aufforderungen, wird es sein Körpergewicht vermehrt in die Beinlonge verlagern, das stehende Vorderbein wird als Folge der Rückwärts-seitwärts-Bewegung leicht schräg.

Abb. 41
Erste geringfügige Schrägstellung des stehenden Vorderbeines: Deutlich sieht man, daß die Einwirkung an der Beinlonge vorherrscht, jedoch ohne daß das aufgenommene Röhrbein höher als in die Waagerechte kommt.

Nun belohnen Sie Ihr Pferd sofort für seinen Mut, sein Vertrauen und seinen Gehorsam, indem Sie es stützen und in seine sichere Ausgangsposition auf drei geraden Beinen zurückschieben.

Dazu öffnen Sie Ihre rechte Hand, die auf dem Schulterblatt liegt, und drücken damit das Pferd von sich nach vorne-rechts weg, gleichzeitig tragen Sie es mit der Fußlonge nach oben.

Anschließend wird es mit Worten gelobt, gestreichelt und gefüttert. Das Bein in der Fußlonge bleibt aber noch oben, bis Sie ungefähr zwei oder drei weitere Durchgänge beendet haben. Danach erst lassen Sie es herab und geben dem Pferd eine Pause.

Dieses sofortige aktive Zurückschieben des Pferdes in seine Ausgangsposition auf drei geraden Beinen schon nach geringster Schrägstellung des stehenden Vorderbeines ist ausschlaggebend für den Erfolg des Wiegens.

Sie geben damit dem Pferd das sichere Gefühl, daß Sie es nicht fallen lassen, sondern es tragen und stützen werden. Weil Sie ihm gar nicht erlauben, sich mehr als wenige Zentimer auf Sie zu sinken zu lassen, bekommt es keinerlei Vorahnung von Ihrer eigentlichen Absicht, es zu Boden zu bringen. Da Sie es anfangs nach jedem kleinen Her-und-Hin begeistert loben, wird es sich nach kurzer Zeit diesen Wiegeübungen ohne jede Angst völlig hingeben. Bald schon genügt die Einwirkung an der Beinlonge allein, und das Pferd läßt sich vertrauensvoll auf Sie zu sinken. Belohnt wird immer nur dann, wenn es einige Zentimeter tiefer kommt als in den Malen davor.

Erst nach einigem Wiegen ist der Zeitpunkt gekommen, dem Pferd allmählich zu erlauben, sich dem Boden stärker zu nähern, immer gegengehalten von Ihrer stützenden Hand.

Es gibt Pferde, die schon von Anfang an große Bereitschaft zeigen, sich sehr weit sinken zu lassen. Fast immer bekommen sie dann doch plötzlich Angst vor dem eigenen Mut und strampeln. Deshalb erlauben Sie auch diesen Pferden unbedingt nur wenige Zentimeter und tragen sie schon wieder nach oben, noch ehe sie von selbst innehalten.

Wenn Sie bis hierhin ca. 10 - 15 Minuten geübt haben, kann das Tagespensum beendet werden. Die meisten Pferde bieten - wenn sie eine Nacht darüber geschlafen haben - von sich aus mehr an als am Ende der ersten Lektion. Für ganz begabte Pferde endet die erste Übungseinheit spätestens nach der ersten Bodenberührung.

Die Technik des Annehmens und Stützens ähnelt den ersten Schaukelversuchen eines Kindes, welches noch nicht herausgefunden hat, daß es zur Schwungentfaltung die Ausschwünge der Schaukel nicht vorzeitig abbrechen darf, welches also zu früh vorschaukelt und zu früh zurückschaukelt und somit die Schaukel nicht in Schwung bekommt. Genau dieser Effekt ist beim Wiegen beabsichtigt. Noch ehe die Wiegebewegungen eine Eigendynamik entfalten können, werden sie von Ihnen gebremst und bleiben so unter Kontrolle. Sie stützen also schon energisch zurück, noch während das Pferd sich weiter sinken lassen will.

So kommt Ihr Pferd eines Tages (oft schon nach zwei Übungseinheiten, vielleicht erst nach Wochen) ganz von selbst unten an - das Kompliment ist geboren.

Das Tragen mit der Beinlonge und das Stützen mit der Hand (Kursfotos)

Abb. 42, 43, 44
Die Bildserie zeigt, daß die Trainerin während der gesamten Phase der Rückwärtsbewegung das Pferd mit ihrer rechten Hand stützt und nicht etwa die Zügel annimmt! Das Pferd überläßt sich den Einwirkungen der Beinlonge, die Zügel gaben nur einen Impuls.

Während seines Weges nach unten hat es in dem Maße, in dem es geschmeidiger und sicherer wurde, schon eine fast perfekte Selbsthaltung entwickelt, die nicht von Unterwerfung oder gar Demütigung zeugt, sondern von Zufriedenheit (vgl. Abb. 10 von Maya).

Achten Sie schon bei den ersten "Landungen" des Pferdes darauf, daß Sie die Beinlonge während der Abwärtsbewegung kontinuierlich ein wenig lockern, so daß das Pferd den Boden nicht mit dem Karpalgelenk zuerst berührt, sondern auf dem ganzen Röhrbein landet.

Das wird von der Kursteilnehmerin in obiger Bildserie sehr schön gezeigt. Nach einigen Versuchen sollte es Ihnen gelingen, den Huf als erstes am Boden aufkommen zu lassen. Keinesfalls dürfen Sie das Bein solange festhalten, daß der Unterarm rückwärts zeigt. Nur bei einer lotrechten Stellung des Unterarmes kann auch dieses Bein seine Stützfunktion optimal erfüllen.

Schon am Anfang Ihrer Wiegeübungen haben Sie das von Ihnen gewählte Wortkommando eingeführt, indem Sie es vor jedem Wiegen deutlich aussprachen.

Sobald nun das Pferd Bodenberührung hat, begleiten Sie sein Aufstehen mit dem Wort "auf", welches es aus der Übung entläßt.

Gleichzeitig macht der Lehrer, der sich mit dem Pferd zusammen ins Kompliment hinein rückwärts bewegte, einen großen Schritt nach vorne, so daß er neben dem Kopf des Pferdes steht, wenn dieses aufgestanden ist.

Diese gemeinsame Rückwärts- und Vorwärtsbewegung ist ein wichtiger Bestandteil der Zeichensprache für das Kompliment. Der einleitende Schritt nach hinten deutet dem Pferd schon an, daß das Kompliment verlangt werden wird, denn nur zum Kompliment schiebt es seinen Körper rückwärts. Bei den anderen Lektionen "zu Boden" geht es an Ort und Stelle nieder. Daher rufe ich bei lernenden Pferden Knien und Liegen aus einer Position neben ihrem Schulterblatt ab. Erst bei sehr gefestigten Pferden kann man auf die Position des Ausbilders als zusätzliches Signal verzichten. Mit Ihrem Schritt nach hinten zum Beginn und Ihrem Schritt nach vorne am Ende des Kompliments stellen Sie außerdem sicher, daß das Pferd sich nicht von Ihnen entfernt, sondern bei Ihnen bleibt.

8.1.2 Das Ausharren in guter Balance

Wenn das Pferd in Ruhe und guter Haltung (auf dem ganzen Röhrbein bei lotrechtem Unterarm) den Boden berührt und anzeigt, daß es diesen Teil der Lektion verstanden hat, müssen Sie ihm begreiflich machen, daß es nun eine Weile unten bleiben soll. Dazu ist ein Helfer wieder überaus nützlich.

Sie halten die Beinlonge straff, die Zügel geben Sie aber nach, damit das Pferd eine ihm angenehme Haltung einnehmen kann. Ihr Helfer füttert nun das Pferd, so daß es gerne unten bleibt. Dabei muß das Futter so gereicht werden, daß das Pferd, um es zu erreichen, die von uns gewünschte Körperhaltung einnehmen muß.

Ich lasse das Futter über dem gestreckten Bein zwischen Huf und Vorderfußwurzelgelenk anbieten. Damit erreicht man die richtige Verteilung der Körperlast über Vorder- und Hinterbeinen, einen lang und tief getragenen Hals und einen gedehnten Rücken. Erst Pferden, die nicht mehr unaufgefordert aufstehen wollen, sollte man erlauben, Hals und Kopf höher zu tragen. Wenn das Pferd in Ruhe unten frißt, können Sie die Zügel ganz loslassen und mit der rechten Hand hinter dem Widerrist sanft nach unten drücken. Dieser Druck ersetzt mit der Zeit die Zügeleinwirkung.

Aus Sicherheitsgründen hält sich der Helfer nie frontal vor dem Pferd auf, sondern bleibt seitlich, und er kniet oder hockt sich nicht hin, sondern bleibt auf den Füßen.

Sollte das Pferd aufstehen wollen, verhindert man das mit der Beinlonge, notfalls zusätzlich auch mit den Zügeln, und mit dem Wort "nein". Gelingt das nicht, lassen Sie sofort alles los, sagen "auf", gehen zügig nach vorne und beginnen von neuem.

Damit das Pferd wirklich begreift, daß es unten bleiben muß, bis es aus der Übung entlassen wird, müssen Sie einen unaufgeforderten Aufstehversuch abwarten. Solange das Pferd freiwillig lange unten bleibt, kann es nicht verstehen, daß es dies auch muß.

Diese Eigenmächtigkeit wird spätestens dann auftreten, wenn Sie das Füttern am Boden einstellen, sobald Ihr Pferd in Ruhe eine Weile im Kompliment aushält. Sie gewöhnen es nun daran, daß es die Belohnung erst im Anschluß an ein korrektes Aufstehen erhält. Nach der ersten geglückten Korrektur zurück nach unten läßt man das Pferd recht bald aufstehen und belohnt es, weil es die Korrektur willig angenommen hat. Mit der Zeit kann man ungeduldige Pferde auch ruhig mehrmals hintereinander hinunterkorrigieren, bis sie endlich unten etwas Ruhe geben. Das ist wieder eine Ausbildungssituation, in der die Worte ja und nein von unschätzbarem Nutzen sind.

Natürlich ist man anfangs mit sehr kurzen Phasen, in denen das Pferd unten bleibt, zufrieden und verlangt erst allmählich mehr Ausdauer.

Zeigt das Pferd Ermüdungserscheinungen, muß man es sofort aufstehen lassen. Es kann vorkommen, daß auf der Kniebeinseite die Muskulatur im Bereich von Schulterblatt und Ellenbogen zu zittern beginnt. Dann ist dem Pferd die aufrechte Haltung zu anstrengend, und es würde auf das Brustbein niedersinken. Ließe man ihm dieses Einsinken zur Gewohnheit werden, können später Probleme entstehen, wenn Sie möchten, daß das Pferd kniet (vgl. Kap. 8.2.1). Häufiger werden Sie beobachten, daß das stemmende Streckbein zittert, welches gedehnt und gleichzeitig angespannt die Hauptarbeit beim Balancieren leistet. Jetzt dürfen Sie das Pferd keinesfalls zum weiteren Durchhalten zwingen.

Das strategische Füttern beeinflußt die Körperhaltung und erhöht die Ausdauer

Abb. 45-48
Diese Fotos sind auf Kursen entstanden. Die Pferde arbeiten am Halfter. Trainer und Helfer bleiben auf Distanz von einer Armeslänge. Jeder bleibt auf den Füßen und außer Reichweite von Gefahr. Die Pferde sind zufrieden und in gutem Gleichgewicht.

Zum korrekten Aufstehen gehört nicht nur, daß das Pferd das entsprechende Kommando abwartet, sondern auch, daß es zügig und kraftvoll mit deutlicher Vorwärtstendenz nach oben kommt. Das ist anstrengend und wird von manchen Pferden gern vermieden. Ein Kompliment wirkt athletisch und stolz, wenn das Pferd in der Erwartung des kraftvollen Aufstehens kniet. Ansonsten sieht es lustlos oder gar demütig aus, vor allem, wenn es mit einem rückwärtskriechenden Aufstehen abschließt. Ihr eigener eleganter und entschiedener Schritt nach vorne wird Ihr Pferd entsprechend anregen. Müde Trainer haben müde Pferde. Notfalls hilft auch ein Klaps mit der Gerte auf die Hinterhand.

Erst jetzt hat das Pferd die Lektion Kompliment als Ganzes begriffen. Der Ausbildungsweg führte es durch drei Lernabschnitte. Im ersten fand es über das Wiegen zur ersten Bodenberührung. Im zweiten lernte es, eine längere Zeit unten auszuharren. Im dritten begriff es, daß es erst auf Kommando, dann aber pünktlich, wieder aufstehen darf und muß.

Auch unter dem Gesichtspunkt der Körperertüchtigung können wir das Kompliment in drei Phasen gliedern. Während der Abwärtsbewegung überwiegen die Dehnungen in Rücken, Hinterhand und Brustmuskulatur. Während des Aushaltens im Kompliment wird vor allem eine gute statische Muskelanspannung nötig, vor allem in Bauch, Hinterhand, Schulter und Streckbein. Zum Aufstehen gehört große Kraftentfaltung, wobei die Hinterhand abstößt, der Bauch stärker kontrahiert und Schulterblatt- und Brustmuskulatur das Gewicht nach vorne-oben ziehen helfen.

Wenn Sie die Wiegeübungen so vorsichtig gestalten wie hier beschrieben, ist es sehr unwahrscheinlich, daß anstelle eines Komplimentes ein Knien oder ein Liegen entsteht. Mit diesem Problem haben nur solche Ausbilder zu kämpfen, die vom Pferd zu früh und zu schnell Bodenkontakt verlangen.

Will das Pferd beidbeinig knien (bleibt also beim Hinab das Stützbein nicht gestreckt), hilft nur geduldiges Dehnen in allerkleinsten Schritten und immer wieder ein deutlicher Rückwärtsimpuls zu Beginn der Lektion. Will es sich seitwärts abrollen (ins Liegen), müssen Sie dafür sorgen, daß beim Wiegen Hals und Kopf gerade bleiben. Zum Hinlegen muß ein Pferd den Hals stark zu der der Liegeseite abgewandten Seite drehen. Solange Sie das nicht zulassen, kann es sich auch nicht hinlegen.

8.1.3 Der Übergang von der Beinlonge zur Gertenhilfe

Sobald das Pferd weder einen Impuls am Zügel noch Ihre stützende rechte Hand weiter benötigt, ist diese frei geworden für die Gerte, mit der Sie ab jetzt zu touchieren beginnen.

Führen Sie die Gertenhilfe für das Kompliment so früh wie möglich ein, damit das Pferd sich nicht zu sehr an seine Beinlonge gewöhnt. Der

Übergang vom Kompliment an der Beinlonge zum nur auf Gertenhilfe durchgeführten Kompliment macht meist größere Probleme als der bisherige Ausbildungsweg. Für das Pferd kommt ein neuer Balanceakt hinzu, beim Trainer wird sein Geschick im Umgang mit der Gerte auf die Probe gestellt.

Gehen Sie in folgende Ausgangsstellung. Das Pferd steht auf vier Beinen, die Beinlonge ist angelegt und führt unter dem Pferdebauch her in Ihre linke Hand, die Sie diesmal dicht am Pferdekörper halten. Die rechte Hand hält eine vorerst noch kurze (80 cm bis 1 m) stabile Gerte, die Sie unter der Beinlonge her an die Aussenseite des Röhrbeines anlegen.

Sie touchieren das Bein an dieser Stelle und geben gleichzeitig Ihre Stimmhilfe. Da das Pferd aufgrund der Vorübungen sein Bein nun leichtfüßig anwinkeln wird, können Sie mit der linken Hand die Longe ohne Widerstand straffen.

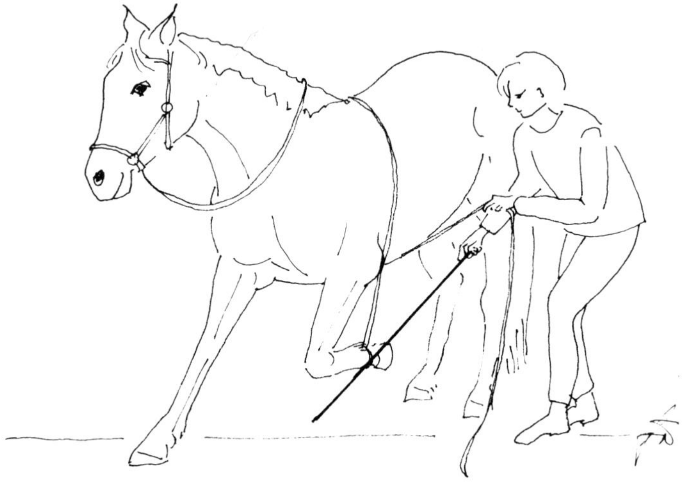

Abb. 49

Während Sie nun an der Beinlonge die gewohnten Einwirkungen geben, touchieren Sie das Bein mit der Gerte so deutlich, daß das Pferd die neue Einwirkung sicher zur Kenntnis nimmt, während es wie gewohnt seine Übung an der Longe ausführt.

Von Mal zu Mal tragen Sie das Bein des Pferdes weniger und lassen es jeweils nach wenigen Zentimetern Rückwärtsbewegung auf den Boden sinken, von wo Sie es erneut hochtouchieren. So lernt das Pferd erstens, wie es ohne die tragende Longe zur knieenden Haltung finden kann, nämlich durch *öfteres Abstützen auf der angehobenen Zehe* des gewinkelten Beines (vgl. hierzu Gloria auf Abbildung 5). Viele Pferde finden diese Technik nicht von alleine heraus. Sie graben sich mit der Zehe in den Boden, und da es ihnen dann nicht gelingt, das Bein weiter nach hinten zu schieben, stehen sie frustriert wieder auf. Hier muß der Ausbilder helfen. Schnell den eigenen Fuß unter die Fessel geschoben - schon hat das Pferd das gesuchte Erfolgserlebnis.

Zweitens lernt es, die Touchierhilfe am Röhrbein neu zu interpretieren. Während sie früher nur zum Beugen des Beines aufforderte, verlangt sie jetzt zusammen mit der Stimmhilfe und der Position des Ausbilders auf Höhe der Sattellage die ganze neue Lektion Kompliment. Wie erfolgreich Ihr Pferd hierbei arbeiten kann, hängt ganz von Ihrer Geschicklichkeit beim Touchieren ab. Achten Sie vor allem genau auf die Dauer der Gerteneinwirkung: Solange getippt wird, soll sich das Pferd weiter nach unten bewegen. Solange Sie die Gerte ruhig am Bein halten, soll das Pferd in dieser Haltung verharren. Wenn Sie die Gerte wegnehmen, darf es die Übung beenden.

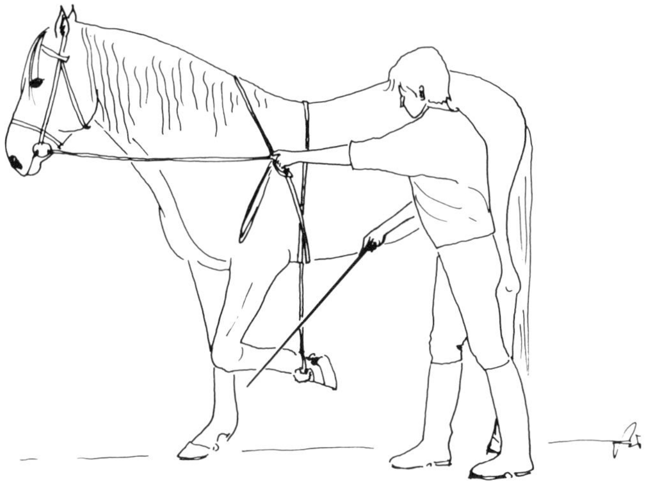

Abb. 50

Manche Pferde benötigen noch sehr lange den anfänglichen Rückwärtsimpuls am Zügel, obgleich sie anschließend schon sehr gut nur an der Beinlonge weiterarbeiten.

Auch bei diesen Pferden braucht man dennoch nicht länger mit der Einführung der Gerte zu warten. Man kann, sobald das Vorderbein mit der Beinlonge bis höchstens in die Waagerechte geholt wurde, Beinlonge und Zügel gemeinsam in der linken Hand führen, so daß auch jetzt die rechte Hand die Gerte benutzen kann. Wenn sich Zügel und Beinlonge ungefähr in der Mitte des Schulterblattes treffen, geben beide gleichzeitig nach oder werden gleichzeitig angenommen (vergl. Abb. 50).

Auch wenn Ihr Pferd soweit fortgeschritten ist, daß Sie keinerlei Hilfestellung mit der Beinlonge mehr geben müssen, sollten Sie diese noch lange Zeit griffbereit haben. Ich beginne damit, sie lediglich nicht mehr anzufassen, lasse sie aber am Bein angelegt und lose über dem Rücken hängen. Danach lege ich zwar den Huf nicht mehr hinein, lege sie dem Pferd aber über den Rücken, ehe ich mit der Arbeit beginne. Jedes Pferd wird früher oder später austesten, ob es eine Gertenhilfe wirklich befolgen muß, sobald es merkt, daß die Beinlonge fehlt. Für diesen Fall sollten Sie sie zumindest in der Tasche haben.

Tritt dieser erste Ungehorsam gegenüber der Gertenhilfe auf, legen Sie sofort die Beinlonge an. Strafen Sie das Pferd nicht durch härteres Touchieren, es würde nur flüchten. Machen Sie ihm den Moment seines Ungehorsams unbequem, indem Sie mehr Komplimente als sonst verlangen und bestehen Sie auf besonderer Präzision. In Zukunft wird sich Ihr Pferd an diese Mühsal erinnern und Ihre Hilfe lieber gleich befolgen.

Jetzt endlich ist die Lektion Kompliment fertig! Fassen wir die Hilfen während der einzelnen Phasen noch einmal zusammen:

Sie stellen sich mit seitlicher Distanz neben der Sattellage des Pferdes auf, legen die Gerte ans Röhrbein des Pferdes an und geben das Stimmkommando. Wiederholtes Touchieren veranlaßt das Pferd, zu Boden zu gehen, Sie selbst gehen mit dem Pferd zurück. Sobald das Pferd kniet, bleibt Ihre Gerte unbeweglich am Karpalgelenk angelegt. Solange sie angelegt ist, muß das Pferd unten bleiben. Wenn es aufstehen darf, nehmen Sie zuerst die Gerte weg (auf Null), geben dann Ihr Wortkommando "auf" und gehen zusammen mit dem Pferd nach vorne. Nun wird es gelobt.

Da die Lektion Kompliment die Kraftentfaltung, die Beweglichkeit und die Balance des Pferdes positiv beeinflußt, sollte man sie auf beiden Seiten des Pferdes üben.

Es ist am besten, wenn Sie so früh wie möglich beginnen, beidseitig zu trainieren. Sobald das Pferd einen Begriff von der Lektion hat und einige Bodenberührungen in Ruhe ausgeführt hat, beginnen Sie, auch auf der anderen Seite zu arbeiten. Warten Sie nicht, bis das Pferd auf einer Seite das Kompliment beherrscht, sondern bilden Sie es auf beiden Seiten gleichzeitig und gleichmäßig aus. Wenn es erst einmal einseitig geworden ist, wird es einem Nacharbeiten der vernachlässigten Seite vielleicht Widerstand entgegensetzen.

8.1.4 Das Kompliment unter dem Sattel

Bis jetzt haben Sie das Kompliment immer vom Boden aus abgerufen. Wenn Ihr Pferd es auch unter dem Sattel zeigen soll, sollten Sie wenigstens schon drei Monate regelmäßig ohne Belastung geübt haben.

Als erstes lassen Sie das Pferd Komplimente mit Sattel, aber noch ohne Reiter machen. Bei den ersten Versuchen schließen Sie den Sattelgurt nur lose. Während der Rückwärtsbewegung wird der Bauch dicker und der Gurt spannt. Manche Pferde fühlen sich dadurch gebremst und bleiben auf halber Strecke stecken.

Klappt die Lektion auch mit straffem Gurt, nimmt ein leichter Reiter im Sattel Platz, und Sie als vertrauter Trainer rufen wie üblich das Kompliment vom Boden aus ab. Der Reiter bleibt dabei in der Mitte sitzen mit lotrechtem Oberkörper, die Beine hängen lose herab, die Hüfte auf der Streckbeinseite wird vorgeschoben.

Akzeptiert das Pferd das Gewicht, wird die Gertenhilfe vom Sattel aus gegeben. Zusätzliche Hilfe vom Boden geben Sie dann, wenn das Pferd die leicht abgewandelte Hilfe vom Sattel aus nicht gleich versteht. Der Reiter verwendet eine lange Dressurgerte. Direkt vor seinem Knie touchiert er mit der *lotrecht* gehaltenen Gerte, deren Ende dann das abgewinkelte Röhrbein trifft.

Selbstverständlich können Sie auch schon vom Boden aus die geänderte Gertenhaltung einführen.

Der Sitz des Reiters bleibt unverändert gerade! Kein Vorbeugen, kein Hinunterschauen, kein Zur-Seite-Neigen! Das brächte das Pferd aus dem Gleichgewicht.

Abb. 51

Daß Sie für das Kompliment die Gerte lotrecht halten, wird später wichtig, wenn Sie sie für das Knien eventuell leicht schräg vor beide Vorderbeine halten. Auch wenn Ihr Pferd Spanischen Schritt lernt oder später lernen soll, ist die lotrechte Gertenführung als Unterscheidungsmerkmal wichtig.

Vielleicht muß Ihnen bei den ersten Malen ein Beobachter sagen, wann das Pferd tatsächlich voll auf seinem Röhrbein kniet. Oder Sie üben in der Reithalle vor einem Spiegel. Manche Pferde finden es bequemer, mit dem gebeugten Bein einige Zentimeter über dem Boden zu schweben. Mit der Zeit entwickelt sich Ihr Gefühl, und Sie merken selbst, ob das Pferd das Kompliment auch wirklich zu Ende führt.

Wenn ich das Kommando zum Aufstehen gebe, lege ich meine Waden wie zum Treiben an. Selbstverständlich nimmt man zuvor die Gerte weg und trägt sie in Reithaltung.

Sie werden feststellen, daß dem Pferd das Kompliment unter dem Reiter wesentlich schwerer fällt als ohne Reiter. Verlangen Sie lange Zeit nur kurze Reprisen. Es gibt bereits genug Pferde, die schlechte Komplimente vorführen, und wir wollen unsere bisherige solide Arbeit nicht jetzt durch Überanstrengung gefährden.

Verlangen Sie während der Ausbildungsarbeit überhaupt immer nur dann vom Pferd, eine Lektion länger durchzuhalten, wenn sie fehlerfrei ist. Nur selten ist es angezeigt, lediglich aus Gehorsamsgründen auch auf einer mangelhaften Ausführung zu bestehen.

Häufiges Üben erhält die Präzision der Ausführung. Zwar wird Ihr Pferd in einer längeren Trainingspause das Gelernte nicht vergessen. Doch können sich die Bewegungskoordination und die Dehnfähigkeit recht schnell verschlechtern. Am ehesten leidet die Vorderbeinstreckung.

Abb. 52
tiefes Kompliment

Erkennen Sie inzwischen ein schlechtes Kompliment? Beim Erstellen Ihrer ganz persönlichen Fehlerliste dürfen auch Geschmacksfragen eine Rolle spielen. Auch ein sehr flaches Kompliment mit extrem tiefem Brustbein, vorgestrecktem Hals und eventuell sogar aufgesetzter Kopfunterseite ist ein korrektes Kompliment - zirzensisch sehr wirkungsvoll, gymnastisch weniger wertvoll.

Abb. 53
hohes Kompliment

Niemals korrekt ist: ein schlecht gestrecktes Vorderbein, ein nicht voll aufliegendes Röhrbein, Wegdrehen der Hinterhand während des Hinuntergehens oder Rückwärtskriechen, eine unpünktliche Ausführung sowie unaufgefordertes oder gar sofortiges Aufstehen. Zumindest unschön sind - wie übrigens bei allen Zirkuslektionen - stramm gehaltene Zügel. Man sollte sein Pferd mit der Gerte halten können.

8.1.5 Komplimente aus der Distanz

Wenn es Ihnen gelingt, Ihr Gertenzeichen vom Berühren zum bloßen Zeigen zu verfeinern, können Sie auch aus der Entfernung Komplimente abrufen.

Sie üben zunächst aus nächster Nähe, so daß Sie das Pferd mit einer langen Gerte noch erreichen können. Wechseln Sie ab zwischen Berühren und Zeigen, bis das Pferd das Signal mit der zeigenden Gerte versteht und befolgt. Wer weiter weggehen möchte, nimmt eine Fahrpeitsche. Wenn man mit dem Peitschenschlag auch wirklich trifft, kann man auch aus größerer Entfernung der zeigenden Gerte Nachdruck verleihen.

Zusätzlich variieren Sie jetzt auch Ihre eigene Position. Zunächst verlangen Sie vom Pferd, daß es auf die Berührung einer bestimmten Touchierstelle hin die geforderte Lektion ausführt, gleichgültig, wo Sie stehen. Anschließend verfeinern Sie das wiederum so weit, daß das bloße Zeigen auf die Touchierstelle - natürlich immer verbunden mit der Stimmhilfe - genügt, damit das Pferd Ihren Wunsch versteht, gleichgültig, aus welcher Richtung das Signal kommt. Das Pferd lernt dabei, Ihre Peitschenspitze zu beobachten und ihr dahin zu folgen, wohin sie deutet.

Die Entwicklung des Kompliments

Abb. 54
an der Fußlonge

Abb. 55
mit der angelegten Gerte gehalten

Abb. 56
mit der zeigenden Gerte aus geringer Distanz gehalten

Abb. 57
aus der Distanz durch das Zeigen mit der Fahrpeitsche abgerufen

Abb. 58
Mit der Stimme gehalten, der Fotograf war ich selbst.

Wenn das Pferd auf beiden Seiten allein auf Gertenzeichen Komplimente ausführt und einigermaßen in dieser Lektion gefestigt ist, ist der Zeitpunkt gekommen, ihm die nächste der Lektionen "zu Boden" beizubringen. Je nach der Veranlagung des Pferdes wird das das Knien auf beiden Vorderbeinen oder das Liegen sein. Es sind wieder einmal sowohl körperliche als auch seelische Gegebenheiten, die hier die Weichen stellen.

8.2 Knien

Knien (Stimmhilfe "à genoux" oder "knie") ist die Haltung des Pferdes, in der es auf beiden abgewinkelten Vorderbeinen "kniet".

Sobald ein Pferd verstanden hat, daß das Touchiertwerden an einer Vorderröhre heißt, daß es darauf niederknien soll, begreift es meist sofort, was das Touchiertwerden an beiden Vorderröhren bedeuten soll. Wenn Schwierigkeiten auftreten, sind sie hauptsächlich körperlicher Natur und beruhen weniger auf Verständnisschwierigkeiten.

Eine kleine seelische Gehemmtheit mag es geben, da das Pferd mit jeder weiteren Stufe auf dem Weg nach unten ein Stück seiner Fluchtfähigkeit einbüßt.

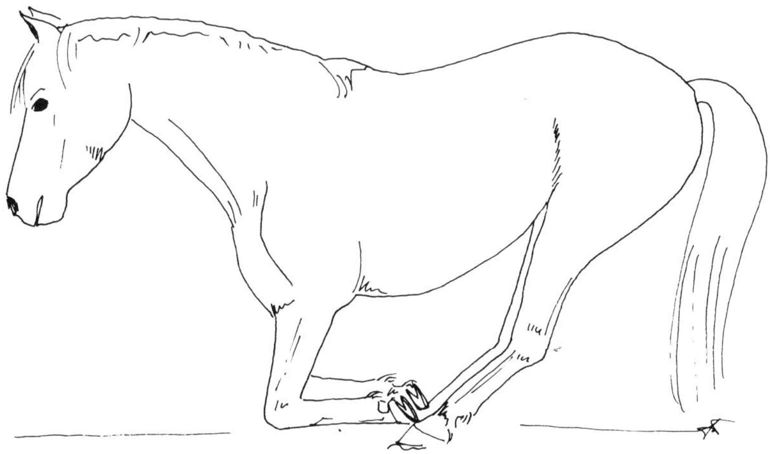

Abb. 59

8.2.1 Die zwei Wege zum Knien

Beleuchten wir das Knien einmal vom Ende her und betrachten uns verschiedene perfekte Ausführungen.

Die nächsten Abbildungen zeigen ein Pferd, welches im Augenblick des Hinuntergehens sein ganzes Gewicht auf die Hinterbeine verlagert und anschließend auf beiden Karpalgelenken nahezu gleichzeitig landet. Auch während es kniet, sorgt die gut untergesetzte Hinterhand dafür, daß die

Vorhand weitgehend unbelastet bleibt. Pferde mit solcher Federkraft der Hinterbeine können nach entsprechendem Training sogar aus dem Knien heraus Steigen.

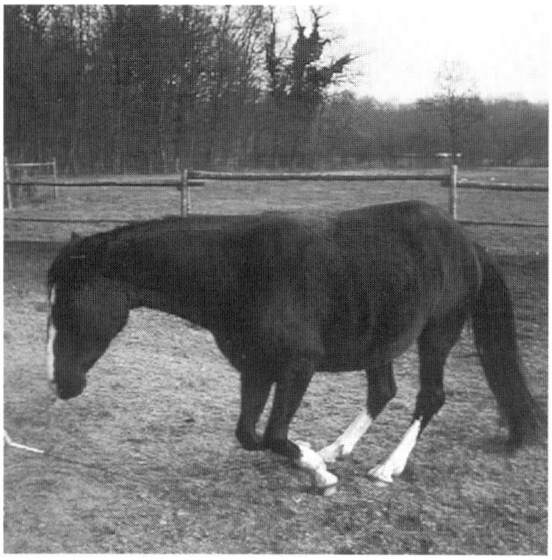

Abb. 60

Abb. 61

Wie die "auf Null" gestellt Gerte auf Abb. 61 zeigt, sollte Gloria hier lediglich aus dem Knien aufstehen - für sie ein Spiel!

Diese Pferde knien gerne. Oft verlangt ein Kompliment von ihnen mehr Körperbeherrschung als das Knien. Bei ihnen entsteht das Knien aus den Komplimenten rechts und links so ungezwungen, als sei die Entwicklung folgerichtig: Ein Bein touchiert heißt: Ein Bein anwinkeln und darauf niederknien, bleiben drei zum Balancieren. Zwei Beine touchiert heißt, zwei Beine zugleich anbeugen und zu Boden bringen, zum Balancieren und zum Tragen bleiben zwei. Die veränderte Gleichgewichtssituation scheint ihnen keine Schwierigkeiten zu machen.

Andere Pferde verfügen entweder nicht über solche Federkräfte der Hinterhand oder nicht über ein entsprechendes Temperament. Ihr Weg nach unten ins Knien geht über das Kompliment: Sie lassen sich zuerst auf ein Vorderbein nieder, ehe sie das andere beibeugen.

Pferde dieses zweiten Typs verstehen zwar genauso gut wie die anderen, was verlangt wird, aber sie haben Mühe, herauszufinden, wie sie in diese Haltung übergehen können, ohne nach vorne umzustürzen. Natürlich könnten auch sie sich ein wenig auf den Hinterbeinen erheben, aber sie vermögen es nicht, auf gebeugter Hinterhand soviel Körpergewicht in die Tiefe zu tragen, daß Kraft und Gleichgewicht zu einer sanften Landung auf den Karpalgelenken genügen.

Diese Pferde werden die Vorderbeine nacheinander beugen. Erst wenn sie sicher auf der einen Vorderröhre ruhen, wird auch das zweite Vorderbein gebeugt. Nun klingt dies einfacher, als es für das Pferd oft ist. Denn auch bei diesem Vorgehen muß die Vorhand entlastet werden.

Die günstigste Ausgangslage ist ein möglichst hohes Kompliment, welches Variationen in der Lastverteilung zwischen Vorhand und Hinterhand ohne Mühe zuläßt. Aus dieser Haltung heraus kann das Pferd das gestreckte Bein so weit entlasten, daß es es beugen und anschließend Huf und Röhrbein über den Boden nach hinten schieben kann. Dabei weist es nicht nur der Hinterhand, sondern auch dem knienden Bein mehr Gewicht zu.

Pferde, die flache Komplimente machen, können aus dieser Haltung heraus das gestreckte Bein nicht beugen. Das Karpalgelenk ist viel zu dicht am Boden. Die Hinterbeine stehen zu weit vorne, um Last tragen zu können, zu viel Gewicht ruht auf der Vorhand. Bei solchen Pferden muß zuerst das Kompliment aufgerichtet werden (vgl. Abb. 52 und 53).

Manche Pferde bieten flache Komplimente von sich aus an, weil ihnen das hohe Kompliment zu anstrengend ist. Dann können Sie versuchen, das Pferd am Strick nach vorne-oben zu zupfen oder durch sachtes Treiben von hinten zu verhindern, daß es sich zu tief sinken läßt. Wo dies nicht gelingt, warte ich ab, bis das Pferd aufstehen will, und fange es dann mit der Gerte ab, wenn der Unterarm des knienden Vorderbeines lotrecht ist. Manchmal wurde in der früheren Ausbildung aber auch der Fehler gemacht, vom Pferd zu früh zu langes Ausharren am Boden zu verlangen, so daß es sich aus Mangel an Kraft in ein flaches Kompliment entziehen mußte.

Häufig werden flache Komplimente des zirzensischen Effektes wegen angestrebt. Im Sinne einer Körperertüchtigung sollte man das hohe Kompliment bevorzugen. Dieses allein ermöglicht auch einen mühelosen Übergang ins Knien, welches wiederum als eine Vorstufe zum Liegen angesehen werden kann.

Abb. 62

Abb. 63

Abb. 64

Abb. 65

Obgleich der Andalusier Inefable zuerst ein Kompliment macht, sieht man dennoch ganz deutlich, daß er schon weiß, daß er knien soll (da der Ausbilder beide Röhrbeine zugleich touchierte und nicht rückwärts ging, sondern neben dem Schulterblatt stehen blieb), denn er hat die Hinterbeine sehr viel weiter unter die Last gestellt, als dies für ein Kompliment erforderlich wäre. Vorsichtig beugt er das gestreckte Bein und schiebt es Stück für Stück nach hinten.

8.2.2 Knien durch Touchierversuche

Wenn Sie nicht ohnehin schon wissen, zu welchem Typ Ihr Pferd gehört, wird Ihnen vielleicht ein kleiner Touchiertest Aufschluß darüber geben, auf welche Art es knien wird.

Dazu stellen Sie sich schräg vor das Pferd, damit es nicht glaubt, ein Kompliment machen zu sollen. Dann touchieren Sie in schneller Folge beide Vorderbeine und beobachten seine Reaktion.

Versucht es, und sei es auch nur geringfügig, mit beiden Vorderbeinen gleichzeitig oder sehr schnell nacheinander wechselseitig einzuknicken, oder setzt es die Hinterbeine weiter nach vorne unter den Bauch und beugt sie, gehört es vermutlich zum ersten Typ.

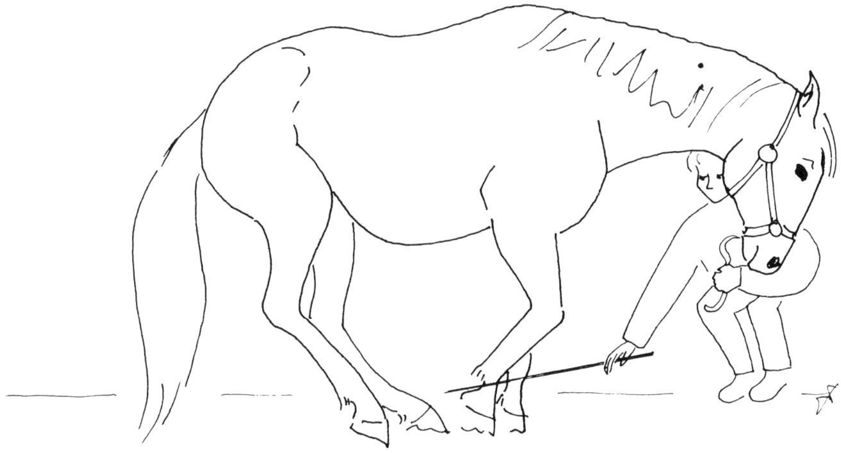

Abb. 66

Dann fahren Sie vorsichtig mit den Gertenberührungen an beiden Vorderbeinen fort und loben und füttern das Pferd bei jedem Versuch, beide Beine gleichzeitig zu beugen.

Verlangen Sie nicht schon am ersten Tag eine Bodenberührung, sondern steigern Sie den Grad der erreichten Beugung langsam. Das Pferd braucht eine Weile, um herauszufinden, wie weit es die Hinterbeine unter den Körper setzen muß und wie es den Hals tragen muß, um im bestmöglichen Gleichgewicht zu sein. Hier kann ein Ausbilder mit guter Beobachtungsgabe seinem Pferd viel Zeit und Anstrengung ersparen helfen.

Da die ersten Knieversuche meistens nicht gut ausbalanciert sein werden, lassen Sie Ihr Pferd anfangs sehr bald wieder aufstehen und steigern wie immer die Anforderungen in dem Maße, in dem Kraft, Gleichgewicht und Behendigkeit wachsen.

8.2.3 Knien durch seitliches Abstellen des Halses

Es kann nun sein, daß der Touchiertest ergibt, daß Ihr Pferd keine gewünschte Bewegungsandeutung macht. Vielleicht tut es nichts, vielleicht bietet es beharrlich Komplimente an. Dann versuchen Sie, Ihr Ziel über das hohe Kompliment zu erreichen.

Nur bei wenigen Pferden wird es gelingen, sie zum Beugen des gestreckten Beines durch Touchierhilfen alleine zu veranlassen. Dann hätten sie sicher schon bei den oben beschriebenen Touchierversuchen anders reagiert. Bei vielen Pferden hilft aber ein gleichzeitiges Abstellen des Halses wie zum Ablegen.

Beim natürlichen Hinlegen beugt das Pferd beide Vorderfußwurzelgelenke zeitlich nacheinander und seitlich versetzt, während es den Körper biegt, um sich anschließend auf eine Rippenseite niederzulassen. Diesen Bewegungsablauf versucht man zu imitieren, um dadurch beim Pferd ein reflexartiges Beibeugen des zweiten Vorderbeines zu erreichen.

Abb. 67

Ausgangspunkt ist ein hohes Kompliment. Aus Ihrer Position hinter dem Widerrist biegen Sie nun den Hals des Pferdes hinüber auf die Streckbeinseite, während ein Helfer dieses Bein touchiert. Dabei wird das Gewicht des Pferdekörpers auf das Kniebein verlagert, und das Pferd versucht oft ganz spontan, das zweite Bein auch anzuwinkeln.

Damit kein Liegen daraus wird, unterbrechen Sie den Vorgang schon nach dem ersten richtigen Ansatz durch Lob und Futter und lassen das Pferd aufstehen. Mit der Zeit ist nur noch eine ganz geringe Halsstellung nötig, um die entsprechende Gewichtsverlagerung herbeizuführen, die Touchierhilfe tritt in den Vordergrund.

Wenn Sie auf keine dieser Arten Erfolg hatten, überspringen Sie dieses Kapitel und beginnen mit den Vorübungen für das Liegen. Manche Pferde bieten das Knien im Anschluß an das Liegen von selbst an, und es muß Ihnen nur noch gelingen, die Bewegung des Hinlegens an der richtigen Stelle abzubrechen.

Während jedes gesunde Pferd sich hinlegen kann, ist das Knien nicht allen Pferden angenehm, und manche werden es niemals wirklich gerne tun. Dann sollte man auf diese Lektion verzichten. Ich sehe im Knien hauptsächlich dann einen Sinn, wenn es sich zu einer wertvollen Turnübung für das Pferd ausbauen läßt. Der zirzensische Effekt ist oft mäßiger als bei einem Kompliment. Das Knien beeindruckt nur dann, wenn das Hinunter und das Hinauf ballettartig leichtfüßig und flink gelingt. Das Kompliment wirkt elegant, wenn der Bewegungsablauf getragen ist und die Lektion in guter Haltung ausdauernd gezeigt wird. Beides betont unterschiedliche Begabungen.

Der gymnastische Wert des Kniens liegt überwiegend in der Stärkung der Hinterhand. Es wird nicht nur kraftvolles Stemmen verlangt (Aufstehen), sondern das statische Tragen mit gebeugten Gelenken (hinunter und unten bleiben) konditioniert Muskeln, Bänder und Sehnen. Ein gequältes Hinunter, ein unglückliches Knien und ein ungeschicktes Herauf nützen dem Pferd jedoch nicht.

Während ich dafürhalte, daß das Erlernen eines Komplimentes jedem Pferd erstens möglich und zweitens dienlich ist, empfehle ich das Knien insbesondere für solche Pferde, die es auch mit Leichtigkeit und dann mit Gewinn ausführen können. Oder ich empfehle es nur solchen Trainern zur Ausbildung, die bereit sind, sehr lange sehr maßvoll und gewissermaßen nur nebenbei am Knien zu arbeiten. Dann hat es immer einen sehr erstrebenswerten gymnastischen Wert und verbessert Gleichgewicht, Kraft und Bewegungskoordination.

8.2.4 Die fertige Lektion

Sobald das Pferd die neue Lektion Knien begriffen hat, rufen Sie sie auch aus einer seitlichen Position ab, von rechts und von links. Ihre Touchierhilfe bleibt dabei unverändert: Sie berühren beide Vorderbeine mit der Gerte, zugleich oder in sehr kurzer Folge. Geben Sie gleichzeitig das gewählte Stimmkommando. Ihre Position kann vor dem Pferd oder neben seiner Schulter sein. Gehen Sie nicht zu weit am Pferdekörper nach hinten, um Verwechslungen mit dem Kompliment nicht nahezulegen.

Bei einem schönen Knien trägt das Pferd den Hals frei gebogen, die Unterarme sind fast lotrecht und auf gleicher Höhe, die gewinkelten Hinterbeine beteiligen sich deutlich am Tragen und ermöglichen ein leichtfüßiges Aufstehen.

Bei der Ausführung treffen wir hauptsächlich auf zwei Fehler: das Pferd bleibt beim Hinab nicht auf der Linie, sondern dreht vorne oder hinten weg. Am besten übt man dann solange entlang einer Begrenzung, bis das Pferd sich selbst gerade halten kann.

Dem Pferd fehlt die Kraft (hauptsächlich in Hinterhand, Rücken und Bauch), sich auf lotrechten Unterarmen zu tragen. Die Vorderbeine knikken zusammen, die Brust berührt fast oder ganz den Boden. Hier hilft nur häufiges Üben in kurzen Reprisen. Dabei muß man an der Hinterhand treibend einwirken, wenn das Pferd vorne einbrechen will.

Natürlich ist auch, wie beim Kompliment, ein tiefes Knien fast auf dem Brustbein, oft mit vorgestrecktem Hals und auf dem Boden aufgelegtem Unterkiefer, ein korrektes Knien, und es wird ihm je nach Geschmacksrichtung manchmal ein besonderer zirzensischer Effekt zugeschrieben.

Das Aufstehen aus dem Knien kann sogar für Pferde, die geschickt hinunter kommen, anfangs sehr schwierig sein, oft taumeln sie regelrecht. Beim Aufstehen aus dem Kompliment kann die Vorhand noch durch Ziehen und Stützen helfen. Beim Aufstehen aus dem Knien geht der erste Impuls allein von der Hinterhand aus, die unter großem Kraftaufwand den ganzen Pferdekörper nach oben-vorne heben muß, bis zumindest ein Vorderbein vorgesetzt werden kann.

Ziehen Sie Ihr Pferd keinesfalls ungeduldig am Strick nach vorne, dadurch würde es nur frontlastig. Besser ist ein Klaps mit der Gerte auf die Kruppe, ausgeführt von einem Helfer, während Sie selbst vorne locken. Das hilft dem Pferd, die richtige Technik und den nötigen Krafteinsatz herauszufinden, um auf gerader Linie ohne zu taumeln aufzustehen. Bei allen Zirkuslektionen "zu Boden" gilt für das Aufstehen: Der Motor ist hinten, die Devise heißt "vorwärts". Dazu muß dem Pferd absolute Halsfreiheit gegeben werden.

Knien in perfekter Haltung aus verschiedenen Positionen abgerufen

Abb. 68

Abb. 69

Zum Knien vom Sattel aus touchiere ich nach dem Wortkommando die Vorderbeine entweder schnell nacheinander oder "andeutungsweise" gleichzeitig. Wirklich gleichzeitig kann man mit einer Gerte die vorderen Röhren nicht berühren, wenn man dabei aufrecht sitzen bleiben will. Ein Vorbeugen würde aber dem Pferd das Balancieren sehr schwierig oder auch unmöglich machen. Daher halte ich die lange Dressurgerte zum Touchieren schräg vor beide Vorderbeine. So kann ein Vorderbein berührt werden, das andere gehorcht der "zeigenden" Gerte.

Natürlich kann man auch mit zwei Gerten gleichzeitig touchieren oder mit einer Gerte beide Vorderbeine schnell nacheinander berühren.

Für das Pferd ist das Knien mit Reitergewicht sehr viel anstrengender als das Kompliment mit Reitergewicht. Man sollte daher nicht auf einer längeren Dauer bestehen.

8.3 Liegen

8.3.1 Die zwei Arten des Liegens

Wenn ein Pferd sich legt, stellt es zunächst Vorder- und Hinterbeine möglichst eng zusammen, beugt sie dann zuerst vorne, dann hinten, wobei es Hals und Körper deutlich zu einer Seite biegt. Danach läßt es sich auf die Vorderfußwurzelgelenke, manchmal auch auf die Unterbrust und anschließend auf die äußere Bauchseite nieder.

In dieser Haltung, mit vier unter den Körper gewinkelten Beinen und erhobenem Hals und Kopf, kann es Augen, Ohren und Nüstern noch ungehindert nutzen und so Gefahren rechtzeitig entdecken. Die Beine sind unter dem Körper, so daß es gegebenenfalls sofort aufspringen kann. So ruht das Pferd oder erholt sich in einem oberflächlichen Schlaf.

Nur zum Tiefschlaf legt es sich flach auf eine Seite, selbst der Kopf liegt auf dem Boden, die Augen werden geschlossen, Hals und Beine sind lang ausgestreckt, alle Muskeln sind entspannt.

Das Pferd verfügt also über zwei Arten des Liegens, die sich sowohl hinsichtlich der Körperhaltung als auch hinsichtlich der seelischen Grundstimmung unterscheiden. Wir haben sie mit "Flachliegen" (im Zirkus "Totliegen") und "Aufrechtliegen" bezeichnet (Schauberger/Wiemers, 1994).

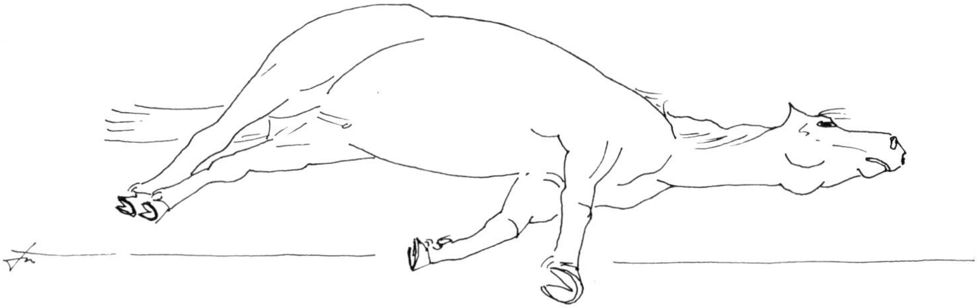

Abb. 70
Flachliegen

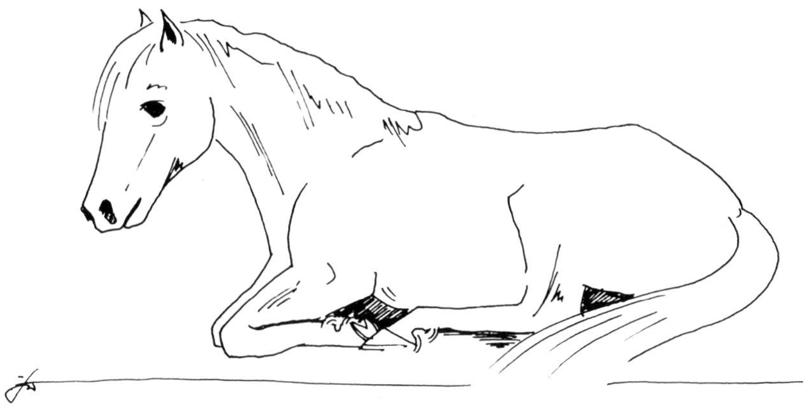

Abb. 71
Aufrechtliegen

Natürlich wollen wir uns auch bei der Ausbildung zum Liegen möglichst eng an die natürliche Veranlagung des Pferdes anlehnen. Wir werden also nicht nur die körperlichen Abläufe nachempfinden, sondern wollen auch versuchen, für eine entsprechende Gemütsverfassung zu sorgen.

Daher versteht es sich von selbst, daß die Vorgehensweise und das Ausbildungstempo so gewählt werden, daß kein Streß entsteht. Man kann also auf Kursen oder in Unterrichtsstunden meist nur verschiedene Möglichkeiten prüfen, die ein Pferd zum Erfolg führen könnten. Wir wollen ihm wieder nur den Weg zeigen. Dann müssen wir abwarten, bis es reif ist, ihn zu gehen.

Pferde, die sich mit Wucht, mit steifen Hinterbeinen und verkrampftem Rücken hinwerfen und dann nur kurz, mit Mühe oder gar Zwang unten gehalten werden können, geben nicht nur Zeugnis von rücksichtsloser Ausbildung, sondern haben in einer Show auch nicht die erwünschte Ausstrahlung. Besteht doch bei einem liegenden Pferd die besondere Faszination gerade darin, daß es dem Zuschauer lebender Beweis seines grenzenlosen Vertrauens ist.

8.3.2 Die Vorbereitung auf das Liegen

Für die erste Ausbildungsstunde versuchen wir, eine Atmosphäre zu schaffen, die zum Liegen einlädt. Ideal ist es, wenn der Neuling in eine Gruppe von Pferden, die schon auf Kommando liegen können, integriert werden kann. So kann man die Situation in einer Herde simulieren, wo einige ruhen, während andere wachen. Ich lasse mir bei fremden Ausbildungspferden mit großem Erfolg von meinen eigenen Pferden helfen!

Aber auch eine Kurssituation hat gegenüber dem Einzeltraining manchen Vorteil. Durch das gemeinsame Üben auf der Stelle verbreitet sich unter den Pferden schon nach wenigen Stunden eine schläfrige Stimmung, und auch hier fühlt sich das einzelne Pferd in einer Gruppe geborgen.

Wer alleine üben muß, wählt einen dem Pferd vertrauten und von beunruhigenden Reizen abgeschirmten Ort (nicht aber seine Ruhezonen!). Auch besonders weicher und trockener Boden erhöht die innere Bereitschaft des Pferdes, sich hinzulegen. Ein bereits schon früher gefestigtes Vertrauensverhältnis zum Trainer kann ebenfalls hilfreich sein, sollte aber nicht überbewertet werden. Sofern nicht ein generelles Mißtrauen gegenüber Ausbildern vorliegt, überläßt sich das Pferd auch einem noch unbekannten Trainer, der es durch sachkundigen Umgang überzeugt, meist schon nach kurzer Zeit vertrauensvoll.

Grundsätzlich lehne ich es ab, ein Pferd vor dem ersten Versuch, es niederzulegen, durch Arbeit feucht oder schweißnaß zu machen, um dann seinen Drang, sich zu wälzen, ausnutzen zu können. Wenn Neues gelernt werden soll, bevorzuge ich ein körperlich und geistig frisches Pferd, welches meine Einwirkungen mit wachem Verstand verfolgt und beantwortet. Außerdem möchte ich mir nicht künstlich zunächst ein Mißverständnis schaffen (Aufforderung zum Wälzen), welches ich anschließend wieder beseitigen muß. Das ist für das Pferd verwirrend und frustrierend.

Ich gehe davon aus, daß Ihr Pferd zumindest Komplimente auf beiden Vorderbeinen beherrscht, ehe Sie sich daran machen, es ablegen zu wollen. Vielleicht kann es sogar knien. Es ist wichtig, daß Sie schon in diesen Lektionen seine Ausdauer trainiert haben. Versuche, ohne Erlaubnis aufzustehen, sollten schon lange nicht mehr vorgekommen sein. Auch darf es dem Pferd nicht mehr schwerfallen, die Lektion längere Zeit durchzuhalten.

Mit solcher Vorerziehung vermeidet man viele typische Fehler:

Vielleicht haben Sie schon gesehen, daß sich manche Pferde nach der Aufforderung zum Hinlegen erst eine Weile auf der Stelle im Kreis drehen, als wollten sie sich einen Wälzplatz suchen.

Das ist ein sehr unschöner Fehler. Hier wird das Kommando zum Ablegen nicht pünktlich ausgeführt, auch kann man nicht bestimmen, in welcher Richtung das Pferd schlußendlich liegen wird, oft auch nicht, auf welche Körperseite es sich legt. Meist schleicht sich dieser Fehler bei solchen Pferden ein, die vor dem Liegen niemals Komplimente oder Knien gelernt haben, weil sie das Liegen von Anfang an anboten und der Ausbilder dieses Angebot annahm.

Vielleicht geschah es auch aus Versehen, wenn das Pferd beim Kompliment oder beim Knien die Balance verlor und es dem Trainer anschließend nicht gelang, ihm den Weg zu besserem Gleichgewicht zu weisen.

Es kann auch vorkommen, daß ein Pferd das wiederholte Heruntertouchiertwerden nach eigenmächtigen Aufstehversuchen damit beantwortet, daß es sich ablegt. Oft hat man dabei den Eindruck, es sei im Glauben, das viele Touchieren bedeute, es sei noch nicht tief genug, und es erfüllt uns nun den vermeintlichen Wunsch. Wenn das geschieht, müssen Sie die Situation mit Zartgefühl behandeln, denn es liegt eher ein Mißverständnis als ein Ungehorsam vor. Ich lobe das Pferd in diesem Fall und freue mich über seine Bereitschaft, meine Touchierhilfen so kooperativ zu beantworten. Anschließend muß dieses Verhalten aber unbedingt korrigiert werden, wenn man vermeiden will, daß das Pferd sich in

Zukunft immer einfach fallen läßt, wenn ihm das Balancieren in den anderen Lektionen zu anstrengend wird.

Bevor Sie nun den ersten Ablegeversuch unternehmen, überprüfen Sie die Bereitschaft Ihres Pferdes, auf Gertenhilfe die Hinterbeine zu beugen oder damit einzuknicken. Vielleicht haben Sie das im Rahmen der einleitenden Vorübungen schon geübt, vielleicht reagiert Ihr Pferd aber auch reflexhaft gut darauf. Loben und füttern Sie, wenn es die Beine willig hebt oder heranschließt. Anschließend wiederholen Sie mit dem stehenden Pferd die Halsbiegungen nach beiden Seiten, bis es Ihrem Zügelzug weich folgt. Stimmen Sie Ihr Pferd nun mit einigen Komplimenten und eventuell auch mit dem Knien auf eine Arbeit "zu Boden" ein.

Mit diesem kleinen Programm haben Sie mit Ihrem Pferd bereits alle einzelnen Elemente des Ablegens geübt. Wiederum gilt es nun nur noch, sie zusammenzusetzen zur neuen Lektion "Aufrechtliegen".

8.3.3 Das erste Ablegen

Als Zäumung eignet sich wieder eine Kombination aus Trense und Stallhalfter. In jedem Fall sollten Sie mit Zügeln ausgerüstet sein, die Sie vorerst nur im Halfter befestigen.

Auch wenn Ihr Pferd schon sehr verläßlich ohne Beinlonge arbeitet, rate ich, sie bei den ersten Ablegeversuchen vorsichtshalber wieder anzulegen. Sie können damit dem Pferd frustrierende Korrekturen ersparen und haben gleichzeitig die Gelegenheit, ihre Bedeutung wieder in Erinnerung zu rufen und die Gehorsamsbeziehung zu vertiefen.

Während das Knien für das Pferd gegenüber der Lektion Kompliment kaum eine erhöhte seelische Anforderung darstellt, verzichtet es mit dem Ablegen weitestgehend auf seine Fluchtfähigkeit und begibt sich deutlich mehr in die Abhängigkeit von seinem Ausbilder. Sie müssen damit rechnen, daß Ihr Pferd zwar sehr bald weiß, was Sie von ihm wollen, daß es dazu innerlich aber noch nicht bereit ist. Dann wird es versuchen aufzustehen. Nun würde wiederholtes Korrigieren mit der Gerte die innere Unruhe des Pferdes nur vergrößern. Ein sanftes Untenhalten mit der Beinlonge hingegen bewirkt eher, daß das Pferd sich der neuen Situation vertrauensvoll überläßt.

Sie legen Ihrem Pferd also eine Beinlonge an das linke Vorderbein, wenn Sie es auf die linke Körperseite ablegen wollen. Dann lassen Sie es je nach seinem Ausbildungsstand entweder knien oder ein Kompliment auf dem linken Vorderbein machen. Sie stehen an seiner linken Körperseite auf Widerristhöhe (also deutlich weiter vorne als zum Kompliment, denn das Pferd soll sich möglichst nicht nach hinten schieben, sondern an Ort und Stelle niedergehen) und nehmen die Beinlonge so viel an, daß Sie sie jederzeit einsetzen können.

Mit Ihrer freien Hand im rechten Zügel stellen und biegen Sie nun einige Male Hals und Kopf des Pferdes nach rechts, loben es jeweils dafür und lassen es nach einigen gelungenen Durchgängen aufstehen. Hatte das Pferd hierbei keine Probleme, stellen Sie es schon vor dem nächsten Knien bzw. Kompliment und lassen es bereits abgebogen auf ein oder beide Vorderbeine niederknien. In Zukunft wird Ihr Pferd an dieser anfänglichen Abstellung nach der der Liegeseite abgewandten Seite schon erkennen, daß weder Kompliment noch Knien abgefragt werden wird.

Zu diesem Zeitpunkt führen Sie auch Ihr Wortkommando ein (down, leg dich). Sie sprechen es schon aus, wenn Sie die Übung einleiten, selbst dann, wenn vorerst nur ein Kompliment oder ein Knien das Resultat sein sollte. Sobald der Hals des Pferdes gebogen ist, verlangen Sie nämlich unabhängig von Ihrem Erfolg eine andere Lektion.

Nun begegnen wir wieder den bewährten Wiegeübungen. Sie legen dem knienden und gestellten Pferd die rechte Hand (die den rechten Zügel straff hält) auf das rechte Schulterblatt und versuchen mit Hand und Zügel, das Pferd ein wenig auf sich zu zu bewegen. Die linke Hand hält zusätzlich zur Beinlonge auch den linken Zügel und unterstützt diese Bewegung, wie von den früheren Wiegeübungen her gewohnt, durch Annehmen (vgl. Abb. 67). Lassen Sie dabei zwischen dem Pferd und sich genügend Abstand, damit das Pferd fühlt, daß es Platz hat, sich zu legen.

Läßt sich das Pferd von Ihnen ein wenig wiegen, ohne sich dagegen zu sperren, loben Sie es und lassen es nach einigen Durchgängen aufstehen. Geben Sie ihm eine Pause, und wiederholen Sie dann die ganze Übung noch ein oder zwei Male.

Es ist zu diesem Zeitpunkt nicht wichtig, daß das Pferd sich legt, es ist nur wichtig, daß es sich Ihrer Einflußnahme mehr und mehr überläßt. Es wird sich dann eines Tages von selbst "in Ihre Arme" legen.

Im Idealfall führen Ihre Wiegeübungen dazu, daß das Pferd von selbst die Hinterbeine mehr und mehr beugt. Das langsame Herablassen des Körpers auf abgewinkelter Hinterhand ist die Voraussetzung dafür, daß das Pferd sich sanft und vorsichtig ablegen kann.

Das Ablegen

Abb. 72
Ausgangsstellung für das Ablegen auf die linke Körperseite: linkes Bein in der Fußlonge, Kopfstellung nach rechts

Abb. 73
Während der Rückwärts-abwärts-Bewegung beugt Poitou-Eselhengst Louis die Hinterbeine und das zweite Vorderbein (wie in einem schlechten Kompliment).

Abb. 74
Louis hat sich auf die linke Schulter abgerollt, gleich wird die Hinterhand umfallen.

Abb. 75
entspanntes Flachliegen (ein locker fast ausgestrecktes oberes Vorderbein ist Kennzeichen der Entspannung)

Wenn Sie beobachten, daß Ihr Pferd zwar seinen Vorderkörper von Ihnen bewegen läßt, sich vielleicht auch schon auf die Unterbrust niederläßt, sich dabei mit den Hinterbeinen aber breit und steif abstemmt, hat es vermutlich zwar schon begriffen, was es soll, kann sich aber noch nicht überwinden. Dann können Sie (entweder selbst oder mit einem Helfer) versuchen, es durch Touchieren zum Beugen der Hinterbeine zu veranlassen. Sie könnten auch versuchen, die Hinterbeine schon vor der Aufforderung zum Knien so weit unter den Bauch zu touchieren, daß es dem Pferd kaum noch möglich ist, sie durchzustrecken. Führen beide Maßnahmen nicht dazu, daß das Pferd mit den Hinterbeinen einknickt (was nach meiner Erfahrung seiner inneren Hemmungen wegen fast immer der Fall ist), wird der Weg über das bloße Wiegen eines Tages genauso zum Erfolg führen.

Manche Pferde legen sich lieber über das Kompliment als über das Knien. Wenn Sie im Kompliment Hals und Kopf des Pferdes abstellen, wird es - sofern es das gestreckte Vorderbein nicht beugt - mit dem Brustbein sehr tief kommen. Dann sorgen Sie nur dafür, daß der Hals auf der Ihnen gegenüberliegenden Seite des gestreckten Vorderbeines bleibt, damit das Pferd sein Gewicht auf das kniende Bein verlagert, während Sie die oben beschriebenen Wiegeübungen durchführen. Aus einem sehr tiefen Kompliment ist es dem Pferd möglich, sich trotz steifer Hinterbeine auf die Unterbrust abzusenken und sich ohne schmerzhaften Aufprall auf die seitliche Schulter zu rollen.

Zwei oder drei solcher Durchgänge genügen immer, gleichgültig, ob Sie Erfolg haben oder nicht. Dasselbe gilt für das Wiegen von Pferden, die schon knien.

Im Kompliment ist dem Pferd eine starke Abstellung unbequemer als im Knien. Ein Partner, der mit Futter und eventuell mit Unterstützung am Zügel den Kopf nach hinten lockt, ist hier eine nicht zu unterschätzende Hilfe. Durch Füttern erhöht man vor allem die Ausdauer des Pferdes, sich der anstrengenden Haltung nicht durch Aufstehen entziehen zu wollen, sondern sich trotzdem zu bemühen, nach der gewünschten Lösung zu suchen.

Allein die innere Bereitschaft des Pferdes, sich abzulegen, ist ausschlaggebend für Ihren Zeiteinsatz. Wenn Sie Ihr Pferd so gründlich und pfleglich vorbereitet haben, wie es hier empfohlen wird, können Sie getrost abwarten, bis es in die neue Lektion hineinreift. Dieses wird nur eine Frage der Zeit und Ihrer Geduld sein.

8.3.4 Aufrechtliegen

Hat sich Ihr Pferd erstmals aufrecht hingelegt, halten Sie mit Hilfe des inneren Zügels (das ist der Zügel auf der Seite der Beine) seinen Hals gut gebogen. So können Sie verhindern, daß es sofort wieder aufsteht, ohne sich seiner neuen Lage bewußt geworden zu sein. Zum Aufstehen streckt das Pferd nämlich Kopf und Hals gerade nach vorne-oben, bevor es die Vorderbeine nach vorne setzt (vgl. Abb. 79).

Es ist sehr wünschenwert, daß das Pferd schon beim ersten Mal so lange liegt, bis es zur inneren Ruhe findet. Je länger es liegt und je besser ihm dies gefällt, umso williger wird es sich beim nächsten Versuch legen.

Es schadet nichts, wenn Sie es zu diesem Zweck reichlich füttern. Dazu bleiben Sie auf der Rückenseite hinter dem Widerrist stehen (zu Ihrer Sicherheit und um den inneren Zügel nicht aus der Hand geben zu müssen) und bieten von dort aus die Belohnung so an, daß das Pferd sie sich nur mit gebogenem Hals nahe an seinem Körper abholen kann.

Nur bei einem Pferd, das schon völlig in der Lektion Liegen gefestigt ist, können Sie eventuell riskieren, sich frontal vor seinem Kopf niederzuhocken, um es zu streicheln oder zu füttern. Dies bei einem lernenden Pferd oder in ungewohnter Situation zu tun, ist fahrlässig. Sollte das Pferd erschreckt aufspringen, kann es Sie ernsthaft, vor allem im Gesicht, verletzen. Die sicherste Position für den Ausbilder ist immer auf der Rückenseite hinter dem Widerrist!

Halten Sie das Pferd aber keinesfalls mit grobem Zwang am Boden. Wenn ein Abbiegen seines Kopfes mit dem Zügel im Halfter durch Sie alleine nicht ausreicht, lassen Sie das Pferd ruhig aufspringen und beruhigen es anschließend. In diesem Ausbildungsstadium muß es erfahren, daß es jederzeit aufstehen darf, wenn es unruhig wird. Nur wenn es sicher sein kann, seiner Fluchtfähigkeit nicht mit Gewalt beraubt zu werden, kann es das nötige Vertrauen zu seinem Trainer aufbauen.

Erst sehr viel später, wenn es sich eindeutig nur noch um Fragen des Gehorsams handelt, kann man ein Pferd auch schon einmal mit Nachdruck am Boden halten. Niemals befürworte ich beim Liegen eine Form von "Nachdruck", bei der mehr Personen als der eine Trainer eingesetzt werden. Die beste Form der Korrektur ist mehrmaliges erneutes Ablegen. Nach Wilhelm Blendinger benötigt ein Pferd zum Aufstehen aus dem

Liegen seine ganze Körperkraft: "Wenn man davon ausgeht, daß ein Pferd 500 kg wiegt und beim Aufspringen seinen Körper in einer Sekunde im Schwerpunkt um 1,50 Meter hochhebt, so erfordert das 10 PS, also die Gesamtheit seiner Körperkraft. (S.145)". Dieser wiederholten Mühe wird sich das Pferd alsbald nicht mehr unterziehen wollen und lieber - inzwischen auch schon müde - folgsam liegen bleiben.

8.3.5 Flachliegen

Spätestens, wenn sich Ihr Pferd einige Male willig aufrecht abgelegt hat, ist der Zeitpunkt gekommen, es flach hinzulegen. Wiederum warten Sie nicht, bis es sich in einer Lektion so sehr gefestigt hat, daß es einer weiterreichenden Anforderung aus liebgewordener Gewohnheit Abneigung entgegenbringt. Gelingt das erste Aufrechtlegen schon bei guter innerer Ruhe, schließe ich das erste Flachlegen am liebsten unmittelbar daran an.

Als Aufforderung zum Flachlegen (als Wortkommando wiederhole ich "down") drücke ich das Pferd mit der Hand am Hals nieder, unterstützt vom Zügel, der anfangs eine deutliche Halsbiegung erhält. Sie müssen herausfinden, ob Sie eine bessere Wirkung erzielen, wenn Sie unmittelbar vor dem Schulterblatt oder direkt hinter der Ganasche drücken. In der Regel wird man variieren.

Die meisten Pferde setzen dem Flachliegen kaum Widerstand entgegen, wenn sie im Aufrechtliegen schon ruhig sind. Wieder verlangen Sie nur Stück für Stück ein Tiefernehmen des Kopfes und entlassen das Pferd, sobald es unruhig wird. Unter Umständen müssen Sie ihm viel Zeit lassen, bis es bereit ist, ausdauernd ganz flach zu liegen.

Ich kenne Pferde, die noch nach Monaten - vielleicht sogar für immer - nur ungern und niemals innerlich wirklich ruhig flach liegen bleiben. Bei solchen Pferden behalte ich die Lektion zwar im häuslichen Repertoire bei und nutze die unsere Bindung stärkende Wirkung, mache sie aber nicht zu einem Ausbildungsschwerpunkt.

Da der Trainer beim flach abgelegten Pferd aus seiner Position hinter dem Widerrist (Sie können sich mit einem Knie auf den Pferdehals stützen) je nach der Größe des Pferdes nur unter Verrenkungen Futter reichen kann, ist hier der Einsatz eines Helfers wieder von großem Vorteil. Sofern der Helfer darauf achtet, außerhalb der Reichweite von Kopf und Hufen zu bleiben, kann er dem Pferd mit dem Leckerbissen sogar den Weg vom Aufrechtliegen zum Flachliegen weisen (strategisches Füttern).

Zwar versuchen Sie bei den ersten Malen nicht, das Pferd gegen seinen Willen flach am Boden zu halten, aber Sie bemühen sich, es - sollte es hochkommen - in der aufrechtliegenden Position abzufangen und solange verharren zu lassen, bis es sich beruhigt hat. Nun legen Sie es entweder erneut flach ab oder lassen es aufstehen (auf).

Während der Ausbildung versuche ich zu vermeiden, daß ein Pferd aufsteht, während ich dicht neben ihm bin oder gar noch die Zügel halte. Wenn ich möchte, daß es aufsteht, trete ich von ihm weg und gebe erst aus geringer Entfernung das Kommando zum Aufstehen. Ich versuche auch niemals, es mit den Zügeln am Aufspringen zu hindern. Sollte es geschehen, daß das Pferd mir aus der Hand springt, lasse ich sofort die Zügel los, entferne mich etwas und rufe anschließend das Pferd zu mir heran. Kommt es, wird es liebevoll belohnt und dann in aller Ruhe erneut abgelegt.

Schon mit den ersten Komplimentübungen haben wir mit dem Schritt nach vorne und einer erst im Anschluß an das Aufstehen gereichten Belohnung den Grundstein für eine Ausbildung gelegt, in der es dem Pferd zur Gewohnheit wird, beim Trainer zu bleiben und ihm zu folgen, anstatt sich von ihm zu entfernen. Dieses Prinzip vertiefen wir, wenn wir uns nun zum Aufstehen aus dem Liegen ca. einen Schritt entfernt vor das liegende Pferd stellen und es von dort aus zum Aufstehen auffordern. Besonders schön ist, wenn Sie es dann noch mit "hier" zu sich kommen lassen können.

Wenn dem Pferd sowohl das Aufrechtliegen als auch Flachliegen als Übung bekannt ist, lasse ich es bis zum Abschluß seiner Ausbildung in den Lektionen "zu Boden" nur noch aus dem Flachliegen aufstehen. Ich möchte nämlich im Hinblick auf ein späteres Sitzen vermeiden, daß das Pferd die aufrechtliegende Position mit einem anschließenden Aufstehen verknüpft.

Es macht sich auch bezahlt, wenn Sie das Flach- und Aufrechtliegen im Wechsel fleißig üben. Manche Pferde wollen nicht gerne flach liegen, manche kommen nicht gerne wieder hoch, anderen fehlt die innere Ruhe im Aufrechtliegen. Erst im pünktlichen Wechsel der Lektionen festigt sich jede einzelne endgültig.

Das Aufrechtliegen wird so zu einer Weiche, von wo aus die Schienen "Flachliegen" oder "Sitzen" eingeschlagen werden können, Aufspringen als Alternative gerät in Vergessenheit. Konsequentes Beachten dieser Regel beschert uns ein Pferd, dessen Erwartungshaltung selbst in dieser im natürlichen Verhalten dem Aufspringen vorausgehenden Phase dennoch nicht auf Entfernen oder Flucht gerichtet ist. Seine innere Ruhe steigt dadurch beträchtlich. Wir erziehen uns damit ein Pferd, welches später auch frei von einer direkten körperlichen Einflußnahme des Trainers verläßlich liegen bleibt.

Bis zu dieser Stelle kann man die Ausbildung zum Liegen durchaus an der Beinlonge vornehmen. Wenn das Pferd nicht mehr versucht, unerlaubt aufzustehen, können Sie es aber auch mit Hilfe der Gerte knien oder ein Kompliment machen lassen und es anschließend mit dem inneren Zügel und der Hand am Hals hinlegen.

Um das Pferd nun auch ohne deutliche Zügeleinwirkung ablegen zu können, führen Sie eine neue Touchierhilfe ein: Das Antippen einer Bauchseite mit der Gerte, verbunden mit der entsprechenden Kopfstellung, bedeutet dem Pferd, sich auf diese Seite abzulegen. Diese Hilfe ist eigentlich nur die abgewandelte alte Touchierhilfe zum Beugen der Hinterhand. Es empfiehlt sich, die Touchierstelle an der Hinterhand möglichst bald nach vorne an die Bauchseite wandern zu lassen. Im Hinblick auf seine sonstige Ausbildung (Reiten oder Handarbeit) kann es sehr lästig werden, wenn ein Pferd sich infolge einer Gertenhilfe an der Hinterhand legt oder setzt, anstatt zum Beispiel vermehrt vorwärts zu gehen oder zu piaffieren.

Nun haben wir alle Hilfen für das Ablegen entwickelt:
Um ein Pferd vom Boden aus niederzulegen, geben Sie zunächst Ihr Stimmkommando und touchieren dann seine vorderen Röhrbeine (entweder zugleich oder nacheinander). Sobald das Pferd sich anschickt, die Beine zu beugen, sorgen Sie für die richtige Halsstellung (der Liegeseite entgegengesetzt). Sobald es kniet (auf einem oder auf beiden Vorderbeinen), touchieren Sie die gewünschte Bauchseite. Auf diese Hilfen hin wird es sich aufrecht ablegen.

Soll es sich anschließend noch flach hinlegen, erreichen Sie das durch einen Druck Ihrer Hand an den Hals oder durch eine Einwirkung am inneren Zügel.

In der ersten Zeit wird das Pferd noch alle diese Signale benötigen, um Ihren Wunsch zu verstehen, und es wird sie Stück für Stück befolgen. Es wird sich also auf das Touchieren der Vorderbeine knien und erst auf das Touchieren der Bauchseite hin ablegen. Mit fortschreitender Übung gehen dann die einzelnen Bewegungsphasen ineinander über, und das Pferd legt sich immer mehr so nieder, wie es seiner natürlichen Art entspricht.

8.3.6 Legen vom Sattel aus

Erst jetzt können Sie daran denken, Ihre Hilfengebung so zu reduzieren, daß sie für Ihre Zwecke praktisch ist.

Zum Legen vom Sattel aus geben Sie zuerst die Kopfstellung und touchieren dann das Vorderbein bzw. die Schulter (vgl. Kap. 8.1.4) auf der Seite, auf die sich das Pferd legen soll. Beides behalten Sie solange bei, bis es aufrecht liegt. Vielleicht benötigt Ihr Pferd in der Übergangszeit zusätzlich noch die gewohnten Hilfen vom Boden aus: Ein Helfer berührt die Vorderröhre, während Sie von oben mit Ihrer Gerte lotrecht am Schulterblatt abwärts touchieren. Zusätzlich kann der Helfer auch die Bauchseite hinter dem Reiterbein touchieren, wenn das Pferd Unsicherheit zeigt. Meinen fertig ausgebildeten Pferden genügt nach dem Stimmkommando ein stellunggebendes Zupfen am Zügel und ein Touchieren des Schulterblattes, damit sie sich aufrecht ablegen.

Der Reiter sollte vor dem Ablegen die Füße aus den Steigbügeln herausnehmen. Spreizen Sie Ihr Bein auf der Seite, auf die sich das Pferd legen soll, ein wenig vom Pferdekörper ab und strecken es aus, damit Sie sich damit auf dem Boden abstützen können, noch ehe das Pferd die Hinterhand fallen läßt. Auch bei Pferden, die sich sehr geschmeidig legen, geht es nicht ohne einen kleinen "Plumps", und es ist besser für beide, wenn Sie in diesem Augenblick nicht mehr auf dem Pferderücken sitzen, sondern schon über dem Pferd stehen. Bleiben Sie aber trotzdem mitten über dem Pferd und hängen nicht seitlich herab, um das Pferd beim Balancieren nicht zu behindern.

Wenn Sie mit Ihrem Pferd eifrig an der Unterscheidung von Flach- und Aufrechtliegen gearbeitet haben, wird es nun aufrecht liegend auf Ihre weiteren Signale warten, anstatt sich sofort samt Sattel und Reiter schwungvoll in den Schmutz zu legen. Nun kann der Reiter entweder zu weiteren Übungen vom Sattel absteigen, oder das Pferd setzt sich mit dem Reiter.

8.3.7 Ablegen aus der Distanz

Beim Ablegen vor der Kutsche ist es ganz unerläßlich, daß das Pferd sich aufrechtliegend abfangen läßt, wenn nichts zu Bruch gehen soll. Auf den Abbildungen zeigt Johnny das Liegen vor seiner Spezialkutsche.

Johnny legt sich mit der Spezialkutsche

Vor der Kutsche wählt Johnny fast immer das Ablegen über das Kompliment. An der Hand und unter dem Reiter legt er sich bedächtig über das Knien. Die folgenden Fotos zeigen sehr gut das langsame und vorsichtige Absenken der Hinterhand und machen die gewaltige Anstrengung deutlich.

Abb. 76

Abb. 77

Wir haben als Hilfen das Stellen mit der Leine und ein Berühren der seitlichen Hinterhand mit dem Peitschenschlag. Letzteres ist wieder die alte Touchierhilfe an der Bauchseite, leicht abgewandelt, da der Fahrer weiter weg ist. Vom Pferd verlangt man allerdings schon sehr viel Mitdenken und noch mehr Übung, wenn man will, daß es ohne die Berührung des Vorderbeines sozusagen von selbst wissen soll, wie es nach unten kommt.

Fast niemals werden Sie allerdings erwarten können, daß das Pferd auf das Touchieren einer Bauchseite hin von selbst weiß, wohin es den Kopf stellen muß, um auch wirklich auf der gewünschten Seite abzuliegen. Während es mit den Beinen einknickt, beobachten Sie daher genau, welche Körperbiegung es einnehmen will und unterstützen es gegebenenfalls, indem Sie ihm durch einen Wink mit der Hand oder auch der Gerte den Kopf positionieren. Das wird vor allem dann wichtig, wenn Sie es aus größerem Abstand, zum Beispiel von vorne, ablegen wollen.

Da wir bei der Ausbildung des Pferdes vom ersten Kompliment an darauf geachtet haben, daß es in jeder Lernphase die geeignete Balancetechnik entwickeln konnte, arbeitet unser Pferd immer ruhig und zielgerichtet. Dadurch gibt es Ihnen genügend Zeit, jede Bewegungsphase zu beobachten und rechtzeitig zu erkennen, ob eine Lektion aufgrund der Körperhaltung, mit der sich das Pferd vorbereitet, gelingen kann oder nicht. Wenn Ihr Pferd gelernt hat, sich von den Worten "ja" und "nein" lenken zu lassen, können Sie sogar während eines Bewegungsablaufes ermutigend oder korrigierend eingreifen. Ein Pferd, welches von Anfang an zum Kooperieren erzogen wurde - damit meine ich das gegenseitige gute Beobachten und das Leiten mit Ja und Nein - zeigt Ihnen durch seine Körperhaltung und Gewichtsverlagerung immer an, was es vorhat. Mit etwas Erfahrung werden Sie bald erkennen, wann ein Pferd Sie "fragt", und Ihre sofortige Anleitung oder Ermutigung wird es mit großer Sicherheit zum Erfolg führen können.

Sie sehen inzwischen, wie mit zunehmender Ausbildung die Hilfensprache nicht nur immer vielfältiger und immer sorgfältiger ausgearbeitet, sondern auch immer individueller wird. Während man für das Kompliment noch ganz eindeutige Hilfen formulieren kann, berücksichtigt die Entwicklung der Hilfen vom Knien ab immer stärker die persönlichen Gegebenheiten von Pferd und Ausbilder. Hier fließt neben den natürlichen körperlichen und verstandesmäßigen Voraussetzungen des einzelnen Pferdes auch seine

Menschenbezogenheit ein, von der seine Bereitschaft und Fähigkeit abhängt, seinen Menschen zu beobachten, um ihn zu verstehen und ebenso, um sich ihm mitteilen zu können. Je mehr Gelegenheit ein Pferd hatte, seinen Verstand zu schulen, umso mehr Möglichkeiten zu einer ausgefeilten Feinabstimmung kann es anbieten.

Der Ausbilder wird sich seine Hilfensprache seinen technischen Fertigkeiten entsprechend (Beinlongenbenutzung und Umgang mit der Gerte) ausformen. Seine pferdepsychologischen Kenntnisse und sein Beobachtungsvermögen spielen ebenso eine entscheidende Rolle, wenn er mit dem Pferd zusammen eine gemeinsame Zirkuslektionensprache entwickelt.

Schon die Signale für das Ablegen vom Boden aus können sehr vielfältig sein. Am Anfang verfahren Sie sicherlich wie in Abschnitt 8.3.5 beschrieben. Doch sobald Sie Ihre Position verändern wollen, entwickeln Sie eine immer größere Feinabstimmung mit Ihrem Pferd, und Ihr Geschick im Umgang mit Gerten und Peitschen kann sich voll entfalten.

Sie können Ihr Pferd am langen Zügel oder einer verkürzten Doppellonge hinlegen. Die Hilfen entsprechen den im Abschnitt "vor der Kutsche" beschriebenen.

Wenn Sie aus größerer Distanz ohne direkte Zügeleinwirkung arbeiten, entwickeln Ihre Gertenhilfen sich ganz allmählich vom Berühren zum Zeigen. Zum Beispiel lege ich meine Pferde von vorne so ab: Klopfen mit der Gerte auf den Boden heißt "Knien". Dann berührt eine Gerte eine Bauchseite (später deutet sie nur noch darauf), während ich mit der freien Hand (später mit einer weiteren Gerte) für die Kopfstellung sorge. So legt sich das Pferd aufrecht. Einem weiteren Gertenzeichen seitlich an Hals oder Kopf weicht es und legt sich flach. Sobald Sie das alles auch mit einer oder zwei Fahrpeitschen erreichen, könnten Sie Ihr Pferd schon in eine Freiheitsdressur eingliedern!

Wie individuell Ihr und Ihres Pferdes Ausbildungsweg auch immer verlaufen wird, so lassen sich doch Qualitätsmerkmale für eine gute Ausführung festhalten:

Wälzen im Anschluß an das Niederlegen ist streng zu verbieten. Kreiseln vor dem Hinlegen ist zumindest sehr unschön. Ein Hinwerfen des Pferdes entspricht nicht unserer Vorstellung von pferdegemäßer Behandlung und verdient keinen Applaus. Wenn Sie die Liegeseite nicht bestimmen können, ist die Lektion nur halb so wertvoll und kann Sie unter Umständen gefährden. Nur ausdauerndes Liegen mit guter innerer Ruhe hat Ausstrahlung, unbeabsichtigtes oder gar heftiges Aufspringen mindert den Effekt. Nur wenn man sein Pferd am Punkt und auf der Linie ablegen kann, kann man die Lektion auch im Hinblick auf den Standort der Zuschauer optisch wirkungsvoll zur Geltung bringen. Gerade letzteres ist sehr schwer und setzt eine lange Übungszeit voraus. Wollen Sie Ihr Pferd im Anschluß an das Liegen setzen, entscheidet schon das Ablegen darüber, ob es den Zuschauern Rücken oder Gesicht zuwenden wird!

8.4 Sitzen

8.4.1 Der natürliche Gehalt der Lektion

Bei der gut ausgeführten Zirkuslektion "Sitzen" sitzt das Pferd möglichst steil, stemmt sich also mit den Vorderbeinen so hoch wie möglich, und es sitzt möglichst gerade, hat also die Vorderbeine genau vor den Hinterhufen, manchmal sogar dazwischen.

Abb. 78

Zu den natürlichen Verhaltensweisen des Pferdes gehört das Sitzen nur sehr bedingt. Gelegentlich kann man bei Ponys, nur sehr selten bei Großpferden, beobachten, daß sie sich nach dem Liegen oder Wälzen vor dem

Aufstehen regelrecht setzen. Das sogenannte Sitzen ist die Übergangsphase zwischen Liegen und Aufstehen. Je nach seiner Gemütsverfassung läßt sich das Pferd dazu mehr oder weniger Zeit. Wenn es sich viel Zeit läßt, stemmt es sich mit den Vorderbeinen ein wenig in die Höhe, ehe die Hinterbeine abdrücken. In diesen Sekundenbruchteilen sieht es aus, als ob es säße. Wenn es sich wenig Zeit läßt, drücken die Hinterbeine oft schon ab, sobald nur ein Vorderbein ausgestreckt ist und die Unterbrust sich noch kaum vom Boden gelöst hat. Dieser Bewegungsablauf gleicht weniger einem Aufstehen als einem ruckartigen Aufspringen mit starker Vorwärtstendenz und ähnelt dem Sitzen nicht.

Abb. 79
ruhiges Aufstehen aus dem Liegen

Wenn wir ein Pferd sitzen lehren wollen, können wir uns also nicht so gut wie bisher auf natürliche Bewegungsabläufe beziehen. Wir können lediglich den Ausgangspunkt des Sitzens, das Aufrechtliegen, herbeiführen. Aufgrund unserer vorangegangenen Ausbildung befindet sich unser Pferd auch nicht in Fluchtstimmung, so daß wir hoffen können, daß es sich zu allen folgenden Bewegungen Zeit lassen wird.

Würden wir das aufrechtliegende Pferd nun zum Aufstehen auffordern, hätten wir keinen direkten Einfluß auf die Vehemenz, mit der es das täte.

Wir könnten nur hoffen, daß es so langsam wäre, daß wir Gelegenheit fänden, es durch starken Zügelanzug abzustoppen, ehe es aufspränge. Dazu braucht man nicht nur sehr viel Geschick, sondern auch eine gehörige Portion Rücksichtslosigkeit. Aus dem Kapitel über das Liegen wissen wir, daß das Pferd zum Aufstehen seine ganze Körperkraft einsetzt. Es gehört nicht viel Phantasie dazu, sich auszumalen, welche Empfindungen wir im Pferdemaul auslösen, wenn wir versuchen, diese Kraftentfaltung mittels Gebiß zu bremsen.

Wenn Sie es dennoch so versuchen, und es gelingt Ihnen nicht, das Pferd auf Anhieb zu setzen, wird es aufgrund des erfahrenen Schmerzes bei allen weiteren Versuchen umso heftiger gegen Ihre Hand springen. Daraus kann mit vertretbaren Mitteln kein Sitzen mehr werden.

Hat man ein sehr gemütliches Pferd, kann man versuchen, es mit Belohnungshappen aus dem Aufrechtliegen in die Höhe zu locken. Wahrscheinlich macht es dann den Hals so lang, wie es kann, kommt aber nicht notwendigerweise auf den Einfall, sich auch mit den Vorderbeinen hochzustemmen. Wenn es dann das Futter nicht bekommt, wird es vielleicht doch irgendwann enttäuscht aufstehen wollen. Dann haben Sie wieder nur die oben beschriebene Möglichkeit.

Viele Pferde haben - durchaus auch rassebedingt - in ihrem natürlichen Aufstehverhalten keinerlei "Sitzpause". Kaum sind die Vorderbeine (manchen genügt sogar eines) vorgestreckt, drücken sie sich schon mit aller Kraft unter erheblicher Beschleunigung nach vorne ab. Für ein Beutetier, dessen hauptsächlichstes Verteidigungsmittel in der Flucht liegt, ist diese Aufstehtechnik überlebenswichtig. Bei diesen Pferden wäre es auch nicht unter Einsatz der ganzen eigenen Körperkraft möglich, sie in der Bewegung abzustoppen. Oft werden sie dann als für das Sitzen ungeeignet erklärt.

Pferde, die mit Hilfe von Longen an den Hinterbeinen und weiteren Longen an der Zäumung und mit mehrern Helfern auf eine Art gesetzt werden, die im Kern ein abgebremstes Aufspringen ist, werden vielleicht nach dieser Erfahrung nie mehr gerne und womöglich immer nur mit strammen Zügeln und wenig Ausdauer sitzen. Eine solche Ausbildungsmethode ist genauso zu verurteilen wie das Werfen von Pferden, die abgelegt werden sollen.

Wir sind stolz auf uns

Abb. 80

Abb. 81

Alle meine Pferde sitzen leidenschaftlich gerne - wie Sie sehen, sogar im Schlamm. Die Bildserie entstand beim freien Spiel meiner drei Nichten mit Johnny und dokumentiert unter anderem einen spontanen Pferdekuß!

Abb. 82

8.4.2 Der Ausbildungsweg

Wer will, daß sein Pferd freiwillig ohne gehalten werden zu müssen und mit Stolz auf sich selbst sitzt, muß einen Ausbildungsweg wählen, den das Pferd nicht mit Aufstehen in Verbindung bringt. Ein solcher Weg macht es auch möglich, die oben erwähnten "schnellen" Pferde zu setzen.

Ausgangssituation ist das Aufrechtliegen. Da viele Pferde bereits das Vorstrecken der Vorderbeine mit Aufstehen oder gar Hochspringen assoziieren, hat die erste Ausbildungsphase zum Ziel, das Pferd zum Vorsetzen der Vorderbeine zu bewegen, ohne daß es ans Aufstehen denkt.

Ihr Vorgehen gleicht wieder einmal einem Spiel ähnlich dem schon besprochenen "Beine beißen". Sie stehen an der Rückenseite des Pferdes hinter dem Widerrist und sorgen mit dem inneren Zügel dafür, daß der Hals gebogen bleibt. Nun irritieren Sie das Pferd mit der Gerte an den Vorderbeinen (am besten haben Sie hierfür einen Helfer), bis es damit eine erste strampelnde Bewegung macht. Sobald es dabei ein Vorderbein nach vorne gebracht hat, stoppen Sie mit "Ho" jede weitere Bewegung ab, loben es begeistert und *legen es anschließend sofort flach ab!* Nach einer kleinen Pause holen Sie es erneut hoch ins Aufrechtliegen und fordern es wieder zum "Beinestrampeln" auf. Sehr schnell wird Ihr Pferd von der neuen Übung entzückt sein und das Aufspringen völlig vergessen haben. Dazu trägt auch das immer wieder erfolgende Flachlegen bei, mit dem Sie auch verhindern, daß aus der Übung eine unkontrollierte Strampelei wird. Anfangs macht Ihr Pferd vielleicht nur paddelnde Bewegungen, aber mit der Zeit wird es die Beine immer öfter gestreckt nach vorne bringen.

Bei Pferden, die schon die Hilfe für eine Schulterhebung kennen, touchieren Sie am Schulterblatt, worauf sie immer schon sehr bald die gestreckten Beine nach vorne führen.

Das Ziel in diesem Ausbildungsabschnitt ist es, das Pferd durch Touchieren der Vorderbeine zu veranlassen, diese nach vorne herauszustrecken und so ruhig weitere Anweisungen abzuwarten. Diese können in einer Aufforderung zum Flachliegen bestehen, oder Sie lassen das Pferd nochmals strampeln bzw. Spanische Schritte im Liegen machen. Niemals jedoch lassen Sie es anschließend aufstehen! Das Pferd wird aus der Übung immer nur aus dem Flachliegen entlassen.

Für einige Tage sollten Sie keine weiteren Fortschritte verlangen, bis sich der Ablauf Aufrechtlegen - Beine vor - Flachlegen so im Pferd verfestigt hat, daß es Ihnen das abschließende Flachliegen von sich aus anbietet. Inzwischen ist es auch schon überflüssig geworden, das Pferd noch mit Hilfe des Zügels zu halten.

Für diese und für die folgende Ausbildungsphase gilt wieder, niemals zu versuchen, das Pferd mit Zügel und Gebiß am Aufstehen hindern zu wollen. Mit dem Zügel erhalten Sie nur die Stellung. Reicht das nicht aus, lassen Sie los, warten, bis das Pferd steht, rufen es zu sich und legen es erneut ab.

Wenn Ihr Pferd nach einiger Zeit entspannt mit vorgestreckten Vorderbeinen liegen bleibt, versuchen Sie durch fortgesetztes Touchieren zu erreichen, daß das Pferd sich bei seiner Vorderbeinarbeit allmählich höher schiebt. Das kann bei faulen Pferden lange dauern. Manche rollen sich immer wieder ins Liegen ab. Auch die naiveren Gemüter unter ihnen strampeln lieber weiter, als sich dem anstrengenden Hochschieben zu unterziehen. Mit strategischem Füttern belohnen Sie jeden Gewinn an Höhe, aufforderndes Zupfen am Zügel kann ebenfalls helfen, gelegentlich auch verbunden mit Anbieten von Futter in der Höhe. Es hilft dem Pferd, Ihren Wunsch zu begreifen, wenn Sie es an seiner äußeren Schulter stützen und einwärts drücken. Nach jedem erfolgreichen und allmählich immer höheren Hochstemmen legen Sie es wieder flach ab. Zwei bis drei Versuche pro Übungseinheit genügen, da sie das Pferd durchaus anstrengen.

Achten Sie bei der Wahl des Übungsplatzes auf geeigneten Boden. Mancher weiche oder tiefe Boden rutscht, und die Hufe des Pferdes finden beim Stemmen keinen Halt. Ebenso ergeht es glatt beschlagenen Pferden auf trockenem Grasboden. Pferde, die "beruflich" sitzen, haben daher oft kleine Stollen. Unbeschlagene Pferde könnten Hufschuhe mit Stollen oder Spikes tragen.

Manche Sandböden, auf denen ein Pferd zwar ein Kompliment unbeschadet machen kann, sind zum Sitzen zu scharf. Je nach dem, wie sich ein Pferd ablegt, muß es beim Aufrichten bis zum steilen Sitzen fast eine Vierteldrehung machen, wobei die durch das Körpergewicht belasteten Sprunggelenke sich in den Boden drehen. Hier entstehen auf scharfem Sand gern aufgescheuerte oder gar blutige Stellen.

Im Training sollten Sie zum Sitzen auch immer den Schweif hochbinden oder hochknoten. Es kann leicht geschehen, daß ganze Schweifsträhnen vom Sprunggelenk in den Boden gedrückt werden. Beim Aufstehen reißt sich das Pferd dann womöglich ein Büschel Schweifhaar heraus. Außerdem wird das Aufstehen behindert, wenn das Pferd auf dem Schweif sitzt. In Situationen, in denen das Pferd aus ästhetischen Gründen den Schweif offen tragen soll, hilft vorheriges Flachlegen. Beim anschließenden Aufrichten bleibt der Schweif hinter den Sprunggelenken liegen.

Wenn Sie einige Tage oder auch Wochen geübt haben - das Pferd hat gestemmt, Sie haben gestützt, dann ist es auf halber Höhe wieder umgefallen -, überrascht Ihr Pferd sie plötzlich damit, daß es sich hoch und steil hinsetzt. Jetzt ist Jubel angebracht, denn jetzt erst hat es die richtige Technik und das entsprechende Körpergefühl entdeckt und verknüpft die bisherigen Übungen zu einer Lektion "Sitzen".

Wenn das geschieht, loben und füttern Sie, solange es geht, und seien Sie nicht enttäuscht, wenn das Pferd nun aufsteht und es Ihnen nicht gelingt, es rechtzeitig abzulegen. Die Situation ist für das Pferd zu neu, und es fühlt sich in ihr noch nicht zuhause. Beenden Sie an diesem Tag das Training dennoch. In späteren Übungsstunden legen Sie das Pferd wieder einige Male aus halber Höhe ab, dann hat es verstanden, daß es nicht aufstehen darf.

Ich erlaube auch Pferden, die schon gut steil sitzen, noch sehr lange nicht, danach aufzustehen. Das Ablegen aus dem Sitzen bleibt fester Bestandteil des Pensums bei jedem Pferd, und das Aufstehen daraus wird nur gelegentlich gestattet oder geübt. Nur mit einem Pferd, das beim Sitzen nicht ans Aufstehen denkt, gelingen Ihnen beeindruckende Auftritte, bei denen das Pferd durch ausdauerndes Sitzenbleiben (zum Beispiel an einem Tisch) brilliert und in denen Sie sich für Ihr eigenes Schauspiel auch vom Pferd entfernen können und nicht an den Zügeln hängen bleiben müssen.

Das Aufstehen aus dem Sitzen kostet das Pferd noch mehr Kraft und Geschicklichkeit als das Aufstehen aus dem Liegen, je steiler das Sitzen, umso mehr. Eines meiner Pferde, noch unerfahren im Sitzen, saß einmal so steil und so lange, daß meine anfängliche Begeisterung allmählich der Besorgnis wich, als ich merkte, daß es weder wußte, wie es hochkommen, noch wie es sich wieder ablegen sollte, da jede Bewegung die Gefahr barg, das Gleichgewicht nach hinten zu verlieren. Aufstehen aus dem Sitzen kann gezielt als Krafttraining und als Geschicklichkeitsübung eingesetzt werden.

Geben Sie dem Pferd dazu volle Zügelfreiheit. Zum Schwungholen werden Kopf und Hals gestreckt und abgesenkt, um das Körpergewicht über die Vorderbeine verlagern zu können. Wenn Sie unerwünschtem Aufstehen vorbeugen wollen, halten Sie daher den Hals kurz und den Kopf hoch.

Aufstehen aus dem Sitzen

Abb. 83
Gloria bereitet sich zum Aufstehen vor.

Abb. 84
Maya demonstriert den nächsten Schritt, das Hochstemmen mit den Hinterbeinen - die Muskelanspannung reicht von der Hinterhand bis zum Genick.

Auch das Hochstemmen mit den Vorderbeinen zum Sitzen kostet Kraft. Wenn Sie bei längerem Sitzen sehen, daß die Vorderbeine zittern, müssen Sie das Pferd aufstehen lassen.

Pferde, die gerne sitzen, haben von selbst herausgefunden, daß bei möglichst vertikaler Rückenlinie die Vorhand entlastet wird und sie so ohne Anstrengung rein in der Balance auf dem Gesäß sitzen können. Sie genießen offensichtlich die aufrechte Haltung (das Gefühl, sich groß zu machen) und den guten Rundumblick. Pferde, die im Flachliegen immer ängstlich bleiben, können verläßliche und begeisterte Sitzpferde werden.

Außerdem beobachte ich, daß viele Pferde sich beim Sitzen buchstäblich genüßlich in ihre Wirbelsäule hineinrunden und das Sitzen so zu einem Stretching für die Wirbelsäule machen. Im Sitzen ist die Wirbelsäule von dem Gewicht, das sonst an ihr hängt, befreit, und die Haltung kostet kaum Muskelkraft. Also kann auch diese Lektion dazu dienen, den Schwachpunkt Rücken beim Reitpferd vorsorglich zu pflegen oder nach anstrengender Arbeit zu entspannen.

Welche Hilfengebung haben wir denn nun für das Sitzen entwickelt? Eine der wichtigsten ist sicherlich das Wortkommando "Sitz". Je nach Pferd verwenden Sie ein aufmunterndes Zupfen am Zügel in Richtung der Bauchseite und rückwärts. Auch ein Stups an die äußere Schulter kann der auslösende Impuls sein. Das Touchieren der Vorderbeine muß mit wachsender Übung entfallen.

Zum Aufsetzen vom Sattel aus geben Sie die Stimmhilfe und die Zügelhilfe und helfen dem Pferd durch Mitgehen mit Ihrem Gewicht nach der Innenseite (Beinseite) bei seiner Aufgabe.

Zum Aufstehen aus dem Sitzen sagen Sie "auf", gehen dabei nach vorne neben oder auch vor den Pferdekopf und holen das Pferd gegebenenfalls durch Anführen am Zügel ab. Natürlich gehen Sie dabei an der Rückenseite. Trotzdem müssen Sie seitlichen Abstand halten, da das Pferd beim Abdrücken mit den Hinterbeinen manchmal das Vorderbein auf der Rükkenseite blitzschnell seitlich herausstellt.

Zum Ablegen aus dem Sitzen geben Sie dem Kopf die richtige Stellung und touchieren die Bauchseite, auf die es sich legen soll. Oft genügt auch nur eine der beiden Einwirkungen. Manche Pferde reagieren besser auf ein Wegtouchieren der Vorderbeine.

Einige Vorführer zeigen gelegentlich Pferde, die sie aus dem Stehen ohne den Umweg über das Ablegen durch Touchieren der Hinterbeine oder der Kruppe setzen.

Häufig stößt man bei anderen Touchierübungen eher zufällig auf diese Veranlagung, denn auch dieses Verfahren hat natürliche Wurzeln. Im Hengstkampf beißen sich die Gegner gegenseitig nicht nur in die Vorderbeine, sondern unter anderem auch in die Hinterbeine. Der so Gebissene beugt als Ausweichbewegung die Hanken notfalls so stark, daß er mit dem Gesäß fast den Boden berührt. Auch manche rossige Stute senkt die Hinterhand extrem, wenn der Hengst sie in die Hinterbeine zwickt.

Zeigt ein Pferd diese Veranlagung, kann man durch Touchieren beider Hinterbeine über oder unter dem Sprunggelenk bei gleichzeitigem Verhindern der Vorwärtsbewegung auch zur Lektion Sitzen gelangen. Später verlegt man die Touchierstelle an die Kruppe, so daß man sie auch vom Sattel aus erreichen kann. Ich selbst mache allerdings von dieser Begabung eines Pferdes keinen Gebrauch, sondern gewöhne ihm solches Verhalten sogar möglichst schnell ab. Der Gertengebrauch im Bereich der Kruppe und der Hinterbeine sollte immer den Bewegungsantrieb fördern. Ein Niedersetzen auf Touchierhilfen an der Hinterhand birgt die große Gefahr in sich, das Pferd zur Stützigkeit (Stätigkeit) zu erziehen.

Diese Art, ein Pferd von hinten zu setzen, ist unbedingt dann abzulehnen, wenn sie wegen des angestrebten zirzensischen Effektes auch von Pferden verlangt wird, die sie nicht anbieten und die durch hartes Touchieren und mittels Wegziehen der Hinterbeine mit Longen dazu gezwungen werden. Solche Pferde zeigen, wenn sie sich setzen, oft eindeutig defensive Körpersprache und aggressives Ohrenspiel. Sie sitzen auch nicht unbedingt verläßlich, sondern nur in Situationen, in denen sie gezwungen werden können. Solches Setzen kann übrigens auch zu Verletzungen der Sprunggelenke führen.

Auch hier legt das Pferd in der Ausführung der Lektion Zeugnis ab für die Art seiner Ausbildung.

9 Über den Spanischen Schritt und über das Steigen

9.1 Grundsätzliches

Die zirzensische Bodenarbeit vom Kompliment bis zum Sitzen kann mit Fleiß und Hingabe grundsätzlich jeder Ausbilder und jedes Pferd erlernen.

Ein ausdrucksvoller Spanischer Schritt oder gar ein kraftvolles und balanciertes Steigen ist hingegen nicht mehr jedem Pferd gegeben. Körperliche und temperamentsmäßige Voraussetzungen engen die Auswahl ein. Dementsprechend genießt im zirzensischen Umfeld ein Steiger in einer Freiheitsdressur auch ein höheres Ansehen als das Trickpferd.

Auch wenn nun nicht mehr jeder Pferdebesitzer hoffen kann, eine hierin begonnene Ausbildung erfolgreich zu Ende zu führen, und trotz aller Vorbehalte wegen einer gewissen Gefährlichkeit, möchte ich im Sinne der Vollständigkeit auf eine Besprechung der "Erhebungen" nicht verzichten.

Erstens einmal sind Pferdedressuren im Zirkus ohne Spanischen Schritt und Steigen auch heute kaum denkbar. Historisch betrachtet sind sie *die* Zirkuslektionen schlechthin. Beide Lektionen erfüllen außerdem unseren Anspruch, für ein Reitpferd gymnastisch wertvoll zu sein, und das nicht etwa nur in ihrer Vollendung. Schon der Weg zum Ziel ist körperliche und psychische Bereicherung im Pferdeleben.

So fördert zum Beispiel der Spanische Schritt das freie Ausgreifen mit dem Vorderbein und das gute Untersetzen und energische Abdrücken mit dem Hinterbein; er kann helfen, den Takt zu festigen und die Bewegungskoordination zu verbessern. Auf der seelischen Ebene stärkt er das Selbstbewußtsein und kann Ventil sein, um einen Gefühlsstau (Ungeduld, Frustration, Agression) abzubauen. Schon mit den Vorübungen bringt man sich in den Genuß von einigen dieser Vorzüge. Die Kraftentwicklung aus Hinterhand und Rücken sowie die Fähigkeit zu geschicktem Balancieren wird natürlich im Üben von Erhebungen auf den Hinterbeinen erst recht ausgebildet.

Während die Lektionen "zu Boden" im natürlichen Pferdeverhalten eher defensiven Charakter haben, betreten wir mit der Behandlung des Themenkreises um den Spanischen Schritt und um das Steigen *das Grenzgebiet zu den aggressiven Verhaltensweisen des Pferdes*. Das hohe Erheben eines Vorderbeines aus der Schulter ist eine Imponierbewegung, mit der das Pferd sich in seiner Kraft und Behendigkeit stolz präsentiert. Das gezielte Schlagen mit einem Vorderbein und das Ansteigen des Gegners gehören gar zu den Kampftechniken der Pferde. Nicht nur in Freiheit, sondern auch als Kunstform enthalten sie daher oft eine angriffslustige Komponente, immer aber zeugen sie von Selbstbewußtsein.

Es sollte sich daher nur derjenige daranwagen, sein Pferd "Erhebungen" zu lehren, der ihm zuvor schon beigebracht hat, sich auf Kommando zu "beugen". In den Lektionen "zu Boden" haben wir unsere Autorität soweit gefestigt, daß wir unser Pferd mit einem Kompliment oder sogar mit dem beidbeinigen Knien jederzeit wieder auf seinen Platz in der Hierarchie verweisen können, wenn sein Selbstwertgefühl beim Erlernen von Vorderbeinhebungen derart anschwellen sollte, daß es die Rangordnung zu seinen Gunsten zu verändern versucht.

Ich möchte mich schwerpunktmäßig mit den entsprechenden Vorübungen befassen und die Entwicklung des Spanischen Schrittes vom Boden aus anschließen. Die perfekte Ausführung unter dem Sattel gehört in das Gebiet der Reitlehre und soll hier nur gestreift werden. Einen komprimierten Überblick über Definitionen und Lehrmeinungen finden Sie bei B. Schirg, ausführliche Ausbildungsempfehlungen zum Beispiel bei J. Fillis und R. Hinrichs.

Fast jeden, der beim Training von Komplimenten erste Erfolge erzielte, verlangt es nach mehr. In Fortgeschrittenenkursen ist der Wunsch nach Anleitung für den Spanischen Schritt der am häufigsten geäußerte. Dabei hat fast jeder dieser Teilnehmer zuhause schon einmal ein wenig "probiert". Wenn er dabei nicht schon ganz am Anfang gescheitert ist, nämlich beim Hervorholen einer gestreckten Vorderbeinhebung auf ein Touchierzeichen hin, fragt er meist spätestens dann um Hilfe, wenn diese auch in der Bewegung gelingen soll.

Bevor wir uns der Vorderbeinarbeit zuwenden, müssen wir daher eine kleine Führschule durchlaufen, ohne die eine Ausbildung zum Spanischen Schritt nicht gelingen kann.

9.2 Kleine Führschule

Als ich für unser zweites Lehrheftchen (Schauberger/Wiemers Band 2 1995) die vorhandene Literatur zum Führen aufarbeitete, war das Thema Führen noch nicht so stark beachtet wie heute. Damals beeindruckten mich vor allem Solinski und Parelli. Inzwischen ist weitere Literatur zum Thema erschienen. Einen Überblick finden Sie bei Ulrike Freess, "Sonderjournal Longieren", Pegasus 9/97, wo auch weitere "Buchtips" gegeben werden.

Wie die meisten meiner Kursteilnehmer arbeite ich überwiegend alleine mit den Pferden. Um ohne einen Helfer auskommen zu können, der ein Pferd anführt oder treibt, bewährt sich die Methode, die ich schon in Band 2 der "Zirkuslektionen mit Pferden" beschrieben habe. Ich beginne mit einfachen Führübungen auf beiden Händen. Dabei durchlaufe ich mit dem Pferd die drei Führpositionen, bis ich es am Ende in immer größere Distanz entlassen kann: über ein Gehen mit dem Pferd am langen Zügel bis zum Auslaufen der einfachen oder doppelten Longe.

Man spricht heute gerne von "Körpersprache", wenn der Ausbilder bei der Arbeit mit dem jungen Pferd im Round Pen oder im Longierzirkel Gebrauch von den drei Grundpositionen macht: der Position vor dem Gesichtskreis des Pferdes, die verbremsend wirkt; der Position neben seiner Schulter, die als die neutrale gilt; die Position schräg hinter der Sattellage, aus der heraus man treibt. Warum diese Körpersprache eine Pferdesprache ist, die das Pferd zum Teil instinktiv, zum Teil aus seiner Herdenerfahrung heraus kennt, wird klarer, wenn man ein wenig mehr über die "Bedeutung" jeder einzelnen Führposition weiß. Dann erst kann man auch von Fall zu Fall richtig entscheiden, wann man welche Art des Führens mit Gewinn verwenden kann.

Die drei Führpositionen entwickeln sich aus den drei Phasen des Miteinanderlaufens in der Herde, die das Pferd vom Saugfohlen bis zum ausgewachsenen Jungpferd durchmacht. Dieses Verhalten wird es, je nach seinem Platz in der Rangordnung, auch als erwachsenes Pferd beibehalten:

(1) Nachlaufen - der Führende ist in der Leitstutenposition
(2) Nebeneinanderlaufen - niemand führt
(3) Getriebenwerden - der Führende hat die Leithengstposition.

In der ersten Führphase des Nachlaufens lernt das junge Pferd, seinem menschlichen Führer am Führseil zu folgen, wie bei den Wanderungen der Herde ein Fohlen seiner Mutter folgt. Es wird voller Vertrauen überall hingehen, wo sie hingeht. Genauso folgt eine Herde der Leitstute.

Gegenüber der Mutter und gegenüber einer Leitstute hat ein Pferd gewisse Verhaltensregeln zu beachten, und das Einhalten genau dieser Regeln auch gegenüber dem Trainer wird jetzt von ihm verlangt: Es darf niemals überholen, es darf nicht auflaufen oder gar anrempeln, es darf nicht zurückbleiben, es muß halten, wenn und solange der Führer hält, und sofort willig wieder mitkommen, wenn es weitergeht.

Diese Phase ist hauptsächlich eine der Nachahmung. Das Fohlen macht, was die Mutter macht. Wenn wir wollen, daß es uns folgt wie seiner Mutter, müssen wir es lehren, unsere Bewegungen aufmerksam zu beobachten, da es ja nur die Verhaltensweisen der Mutter instinktiv versteht und die menschliche Körpersprache erst erlernen muß. Dazu ist es nötig, daß unsere Bewegungen anfangs überdeutlich sind: munteres, flottes Vorwegmarschieren, entschlossenes Abstoppen, beides in aufrechter Körperhaltung.

Um das Pferd zu bremsen, hat man die beiden Möglichkeiten, die auch das ranghöhere Pferd hat: Entweder Sie ahmen nach abruptem Anhalten eine Drohgebärde mit der Hinterhand nach (Arme ausbreiten und nach hinten schwenken, sich dabei eventuell etwas rückwärts schieben), oder Sie drehen sich um und kommen dem Pferd frontal entgegen. Letzteres verfeinert sich später zum optischen Signal der Schulterdrehung: Dreht man dem Pferd die Schultern entgegen, wird es bremsen, wendet man sie zurück in Bewegungsrichtung, gibt man ihm den Weg wieder frei zum Antreten.

Die erzieherischen Knüffe der Mutter versuchen wir schon früh durch den Einsatz der Gerte zu ersetzen, deren Berührung das Jungpferd auf Distanz hält. Ein Schlenkern mit der Führkette oder dem Ende eines Führseiles hat an dieser Stelle denselben Effekt und müßte nur dann durch eine Gerte ersetzt werden, wenn diese in der späteren Pferdeausbildung eine Rolle spielen soll. Außerdem lernt das Pferd, einem Zug des Leitseiles zu folgen, und wir führen die ersten Wortkommandos ein, nämlich die von uns gewählten Worte für "mitkommen" und für "anhalten". So wird das junge Pferd schon ganz am Anfang seiner Führausbildung mit denjenigen Hilfsmitteln und ihrer Bedeutung bekanntgemacht, die es fortan sein ganzes Gebrauchspferdeleben hindurch begleiten werden: Stimme, Leitseil (Longe), Gerte (Peitsche), und es lernt die Grundlagen der Erziehung: Mitkommen auf Kommando, Stehen auf Kommando, Dableiben und Hinhören und Hinsehen auf den Leitmenschen.

An die Phase des Nachlaufens schließt sich die des Mitlaufens an. Mensch und Pferd gehen Schulter neben Schulter. In der altersmäßigen Entwicklung des Pferdes entspricht diese Position der Phase nach der Trennung von der Mutter, in der es sich in einer Gruppe überwiegend Gleichaltriger aufhält, mit denen es immer wieder um die günstigsten Bedingungen rivalisiert. Diese Führposition, die im Verständnis des Pferdes eine gleichrangige ist, wird es immer wieder dazu verlocken, zu tun, was es nicht tun soll: Es wird versuchen, uns anzurempeln, beiseitezuschieben, auf die Füße zu treten, zu überholen, sich womöglich gar gegen uns umzuwenden - lauter Versuche, selbst die Führung zu übernehmen. Ein schüchternes oder ängstliches Pferd will vielleicht gar nicht neben dem Führenden laufen, sondern versucht, sich immer wieder hinter ihm einzuordnen.

Damit man also auch neben der Pferdeschulter erfolgreich führen kann, muß man sich diese Position erzieherisch erarbeiten. Die Grundregeln hat man schon in der ersten Führphase aufgestellt. Danach gilt es, dem Pferd zu zeigen, daß es auch einen seitlichen Abstand zum führenden Menschen einhalten muß, der durch die Länge des Führseils zwischen Hand und Pferdekopf bestimmt wird (das Seil = die Longe auslaufen). Zur Durchsetzung dient neben dem Einsatz des führenden Armes oder des Seilendes wieder die Gerte, die jetzt nicht mehr nur bremsende, sondern auch aufmunternde und seitlichen Abstand bewahrende Funktion bekommt.

Damit die Gerte auch alle diese Aufgaben wirkungsvoll wahrnehmen kann, halte ich sie ab diesem Führstadium immer in der dem Pferd zugewandten Hand und führe mit der auswärtigen. Ich gehe also zum Beispiel links vom Pferd, halte Strick oder Zügel in der linken Hand und die Gerte in der rechten.

Sofern man dabei einen ausreichenden seitlichen Abstand einhält, kann man das Pferd überall touchieren und so im Bereich der Hinterhand gezielt für Fleiß und später für Versammlung sorgen, anstatt hinter dem eigenen Rücken sozusagen blind zu berühren. Ein Schwenken der Gerte nach vorne vor die Brust ermöglicht, das Tempo zu beruhigen.

Außerdem kann man so in der späteren Ausbildung das Schulterblatt touchieren, um Spanischen Schritt abzurufen, ohne daß die Gerte den Umweg um den Körper des Ausbilders herum machen muß. Dadurch ist man mit seiner Gerte schnell am Platz, wenn es gilt, den richtigen Augenblick für das Touchieren nicht zu versäumen.

Abb. 85
allmähliches Vergrößern der seitlichen Distanz von Armeslänge auf Gertenlänge bei anstehendem ("ausgelaufenem") Führstrick

Der Standort in Höhe der Sattellage mit seitlichem Abstand gewährleistet, daß der Führende das ganze Pferd sehen kann, vom Ohrenspiel bis zu den Hinterhufen. Auf diese Weise führen Sie Ihre spätere Longierposition ein, und Ihr Pferd lernt schon, die Peitschensignale zu verstehen.

Ich bringe meinen Pferden schon in diesem Führstadium bei, auf das Absenken der Gerte mit einem Zurücknehmen des Gehtempos zu reagieren. Dazu berühre ich vor dem Anhalten die Hinterbeine leicht in Höhe der Fessel und gebe gleichzeitig das Stimmkommando zum Halten. Das Pferd verbindet die Berührung seiner Fesseln mit der tief gehaltenen Gerte mit der bekannten Stimmhilfe. Bald wird es auf ein Tiefernehmen der Gerte hinter seinen Hinterbeinen in Erwartung der Parade das Gehtempo einfangen.

Ganz vorsichtig können Sie dann sogar die hinteren Röhrbeine während weniger weiterer Schritte touchieren (Vorsicht Takt!). Da Ihr Pferd schon gelernt hat, die Beine auf Berührungen mit der Gerte einzeln anzuheben, erhalten Sie bald vor einer Parade zum Halten einige schöne Schritte in versammeltem Tempo, ohne dabei jemals an den Zügeln bremsen zu müssen.

Zum Antreten hebe ich die Gerte bis zur Waagerechten an, von wo aus sie auch touchiert, wenn Nachdruck nötig ist.

Eine solche Erziehung zum selbständigen "Dableiben" muß jeder weiterführenden Arbeit vom Boden aus vorangehen: Das Pferd soll von sich aus bei der touchierenden Gerte bleiben und nicht vor ihr flüchten.

Abstand zu halten und zu vergrößern lernt das Pferd, indem es lernt, zu *weichen*: nach vorne und hinten, nach rechts und links, nur mit der Vorhand, nur mit der Hinterhand, mit dem ganzen Körper. Es lernt, sich von einem Druck (später einer bloßen Berührung, sogar einem Zeigen) der Hand, der Gerte, des Gebisses oder Kappzaumes zu entfernen. Sobald das Ziel erreicht ist, stellt der Ausbilder sich und seine Gerte wie gewohnt auf Null.

Ausweichen zur Seite und nach hinten sind unfreiwillige Verhaltensweisen des Pferdes. Wenn es Ihnen gelingt, das Pferd auf geringen Druck zum Weichen zu bewegen, haben Sie erreicht, daß es Sie als ranghöheren Führer und nicht als gleichrangigen Kumpel betrachtet. Aus je größerer Entfernung dies gelingt, umso höher ist Ihre Rangposition in den Augen des Pferdes. Bedeutungsvoll ist ebenfalls, wohin man das Pferd ausweichen läßt: Seitwärts geht es williger als rückwärts, rückwärts verschafft also mehr Respekt.

Von dieser Führphase ab heißt also die Devise: vom Ausbilder weg, aber doch unter seiner Kontrolle. Erreicht haben wir das durch die Verbindung von "weichen lassen" (Gerte) und dem die Distanz begrenzenden "Folgen lassen" (Leitseil). Somit ist das Pferd nun erstmalig "eingeschlossen" zwischen Seil und Gerte, Longe und Peitsche, später Hand und Schenkel - zwischen verhaltenden und treibenden Hilfen.

Sobald ein Pferd erkennen läßt, daß ihm das Einhalten einer seitlichen Distanz keine Probleme mehr bereitet, und sobald es die den Abstand begrenzende Einwirkung des Führseiles respektiert, vergrößert man die Entfernung zum Pferd allmählich sowohl weiterhin nach der Seite bis zum Longieren als auch nach hinten bis zum Führen am langen Zügel. Wenn man sein Pferd aus einer Position hinter seinem Gesichtskreis (Führposition 3) "vor sich her schieben" kann, hat man den Rang eines Herdenchefs erreicht, der einen Rangniedereren vor sich hertreibt, ohne daß dieser sich ihm entzieht.

Zwischen den Positionen (2) und (3) nach Bedarf variierend, kann man dem Pferd vom Boden aus alles beibringen, was man sich später unter dem Sattel oder vor der Kutsche von ihm wünscht. Nun treten Sie ein in die faszinierende Welt des Führens, der Bodenarbeit, der Arbeit am langen Zügel, vielleicht auch eines Tages in die Arbeit an der Hand.

9.3 Der Spanische Schritt - Übungen im Halten

9.3.1 Die Suche nach einer reflexhaften Reaktion

Sobald Sie Ihr Pferd auf beiden Händen von links und von rechts aus einer Position auf Höhe der Sattellage und aus einer seitlichen Distanz von Armeslänge im Schritt führen können und es den Wechsel von "komm" und "halt" auf Stimmhilfe und auf Anheben und Absenken der Gerte willig befolgt, sind die Voraussetzungen gegeben, Spanischen Schritt vom Boden aus auszubilden. Wichtigste Hilfsmittel sind wieder die touchierende Gerte, Belohnungen und die Anleitung mit "ja" und "nein".

Der Spanische Schritt ist ein Schritt in leichter Versammlung, bei dem das Pferd die Vorderbeine wechselseitig möglichst bis zur Waagerechten erhebt und sie gestreckt wieder absetzt, ohne daß dabei das taktmäßige Gehen und der Raumgriff leiden. Seinen Ausdruck gewinnt er durch eine natürliche Aufrichtung, freie und geschmeidige Bewegungen der Vorderbeine aus der Schulter und energisches Abfußen der Hinterbeine.

Abb. 86

Im Rahmen des natürlichen Verhaltens reichen Erhebungen des Vorderbeines vom Scharren der Ungeduld über das Anheben und Strecken eines

Vorderbeines als Aufforderung zu Spiel oder Kampf bis zum gezielten Herausschlagen mit Angriffscharakter (vor allem bei Hengsten) oder Abwehrcharakter (oft verbunden mit Quietschen, z.B. nach Nasenkontakt mit einem unerwünschten Gegenüber).

Je nach seiner Veranlagung wird ein Pferd auf unsere Touchierversuche auch entsprechend reagieren: Das eine fühlt sich angegriffen, ein anderes will spielen, das nächste scharrt vielleicht, weil es noch nicht weiß, was es soll. Es empfiehlt sich jedenfalls für den Ausbilder, das Pferd anzubinden oder festhalten zu lassen und außer Reichweite von Hufen und Zähnen zu bleiben, solange er noch nicht weiß, wie sein Schüler auf die noch ungewohnte Einwirkung reagieren wird. Bedenken Sie, daß Sie versuchen wollen, in die Rolle des unerwünschten Gegenübers oder gar des Rivalen zu schlüpfen, um Ihrem Pferd allererste Abwehrreaktionen mit dem Vorderbein zu entlocken!

Als hauptsächliche Touchierstelle für die Lektionen "zu Boden" haben wir uns einen Abschnitt des Beines ausgesucht, bei dessen Berührung das Pferd reflexartig mit einem Anwinkeln des Karpalgelenkes reagiert, nämlich das Röhrbein. Im Interesse einer eindeutigen Zeichensprache dürfen wir das Pferd also nur oberhalb des Karpalgelenkes berühren, wenn wir ein Nach-vorne-strecken des Vorderbeines anregen wollen. Das ist überdies sinnvoll, weil wir ein Vorführen der Schulter mit gestrecktem und nicht mit gebeugtem Bein anstreben, weswegen unser Reiz das Schulter- und das Ellenbogengelenk ansprechen muß.

Stellen Sie das Pferd so auf, daß es gerade auf seinen vier Beinen steht. Um das Vorderbein, das Sie anheben lassen wollen, zu entlasten, muß es den Kopf bei kurzem Hals eher hoch tragen und leicht zur gegenüberliegenden Seite stellen.

Als nächstes suchen Sie im Bereich von Unterarm, Schulter und Vorderbrust nach einer Stelle, an der das Pferd möglichst empfindlich auf Berührungen mit einem spitzen Gegenstand (Gertenspitze, Bleistift, Zahnstocher) reagiert. Nur bei sehr wenigen Pferden erlebt man, daß sie von Anfang an eine normale Gertenberührung an der Schulter energisch abwehren. Dazu hat die vorangegangene Ausbildung sie schon zu gehorsam gemacht, und man muß übergangsweise weniger zart einwirken. Es ist besser, mit etwas Spitzem nur leicht zu berühren, als mit etwas Stumpfem stark einzuwirken. Ein unvermuteter kleiner Stich löst eher eine reflexartige Abwehrbewegung aus als ein großflächiger Druck.

Manche Pferde verhalten sich auf diese Irritation hin wie gegen den Zubiß oder das Zähnezwicken eines Gegners, den sie mit einem Ausschlagen nach vorne abwehren möchten. Bei Hengsten müssen Sie jedenfalls damit rechnen. In den meisten Fällen wird das Pferd sich eher verhalten wie gegen ein stechendes Insekt, welches es durch Aufstampfen mit dem Bein loszuwerden hofft. In beiden Fällen verstärken Sie diese erwünschten Reaktionen sofort durch Lob und Futter.

Man muß aber auch mit anderen Abwehrreaktionen rechnen. Aggressive Pferde schlagen gelegentlich auch mit dem Hinterbein nach vorne gegen den Verursacher des Ärgernisses, oder sie werfen sich mit dem ganzen Körper seitlich gegen den Quälgeist. Solche Reaktionen unterbinden Sie für die Zukunft durch Ihr deutliches "Nein". Auch ein Ausweichen mit dem Körper zur Seite lassen Sie nicht gelten.

Bei anderen Reaktionen wie Hautzucken oder Wegwischenwollen mit dem Maul ermutigen Sie das Pferd solange zu weiterer Abwehr, bis es endlich darauf verfällt, eine Abwehrbewegung mit dem Bein zu machen, sei es ein Aufstampfen, ein Scharren oder auch nur ein leichtes Anheben. Schon die allergeringfügigste Beinbewegung muß belohnt werden. Allerdings müssen Sie sicher sein, daß diese nicht lediglich die Folge eines ausweichenden Schrittes zur Seite war.

Die Vorderbeinbewegungen werden mit der Zeit immer ausdrucksvoller, wenn Sie nur beste Bewegungen mit Futter belohnen. Bei schwachen Bewegungen touchieren Sie keinesfalls stärker, sondern feuern Ihr Pferd mit der Stimme an und pieken solange weiter, bis das Pferd sich schließlich aus Ärger und um endlich zu einer Belohnung zu kommen, zu einer temperamentvolleren Bewegung hinreißen läßt.

Außerdem muß man wie immer beim Touchieren sehr flexibel bleiben. Es ist keineswegs so, daß man an der Stelle, an der man eine erste Reaktion hervorrufen konnte, auch weiterhin Erfolg haben wird. Gerade zaghaften oder sehr gehorsamen Pferden, die es kaum wagen, sich gegen ihren Lehrmeister "aufzulehnen", muß man die gewünschte Bewegung immer wieder regelrecht entlocken. Die sensible Stelle kann einmal an der Vorderseite des Unterarmes und ein andermal an seiner Rückseite liegen. Genauso variabel bleibt man in der Art, wie man das Pferd berührt: kitzelnd oder piekend, schnell die Stelle wechselnd oder an einer Stelle verweilend.

9.3.2 Einzelne Vorderbeinhebungen auf Touchierhilfe

Sobald das Pferd weiß, welche Bewegung es zeigen soll, verlagern Sie die Touchierstelle immer mehr in Richtung Schulterblatt, weil Sie sie dort später auch vom Sattel aus ansprechen können. Dies ist auch der Zeitpunkt, an dem man zum Touchieren die Gerte einführt. Inzwischen reagiert Ihr Pferd nämlich nicht mehr reflexhaft, sondern hat schon einen Begriff von dieser neuen Touchierstelle und der dort ausgelösten Bewegung bekommen. Außerdem verwenden Sie spätestens ab jetzt das Stimmkommando, das Sie sich ausgesucht haben (paso, fest), wenn Sie die Gerte anlegen.

Sie können versuchen, die Art der Vorderbeinbewegung durch Ihren eigenen Standort zu beeinflussen. Eine Position vor dem Pferd begünstigt die gestreckte Haltung des Beines, verführt aber auch zu einer stärkeren Schulterlastigkeit. Eine Position neben dem Pferd lenkt dessen Aufmerksamkeit nach hinten und legt ihm nahe, das von dem einen Vorderbein wegzunehmende Gewicht mit den Hinterbeinen zu übernehmen. Dadurch kann das Vorderbein höher gehoben werden.

Pferde, die von ihrem Temperament her vorwärts drängen, kann man auch vor einer Berührung der Schulter einige Tritte rückwärts richten. Dadurch erreicht man ebenfalls, daß das Pferd die Vorhand leichter macht und folglich höher heben kann. Bedenklich ist dieses Verfahren bei Pferden mit wenig Antrieb, da es sie dazu verführt, an der Stelle kleben zu wollen.

Achten Sie von Anfang an darauf, daß das Pferd *eine* Berührung immer nur mit *einer* Beinbewegung beantwortet. Fängt es an zu scharren, strafen Sie mit der Stimme, notfalls lassen Sie es im Schritt antreten und beginnen nach einer Führpause von neuem. Das gleiche tun Sie, wenn es von sich aus Beinbewegungen anbietet. Im Sinne einer klaren Zeichensprache stellen Sie die Gerte nach jedem Touchieren sofort auf Null. Oft wird nämlich Ihr Pferd in seinem Eifer eine Berührung gar nicht mehr abwarten, sondern schon die zielgerichtete Bewegung der Gerte mit einer Beinhebung beantworten, also der zeigenden Gerte gehorchen.

Wenn man sein Pferd dazu erzieht, nicht nur auf den Beginn, sondern auch auf die Beendigung einer Berührung pünktlich zu reagieren, wird es sich auch einen Begriff davon bilden, daß eine *fortdauernde* Berührung eine *anhaltende* Bewegung beabsichtigt. An der Hand bringt man dem Pferd bei, das Vorderbein solange ausgestreckt zu halten, wie die Gerte angelegt bleibt. Später wird man beim Reiten des Spanischen Schrittes mit Gewinn darauf zurückgreifen können, wenn nämlich das Pferd die Dauer der Zügeleinwirkung oder auch des Sporendrucks mit der Dauer der Beinhebung bzw. mit der Getragenheit des Tempos verknüpfen soll.

Abb. 87
Vorderbeinhebung von vorne abgerufen, hier genügt schon die "zeigende" Hand.

Abb. 88
Vorderbeinhebung aus seitlicher Position, Touchieren der Bugspitze.

Diese Übung liegt auch der Wendung um die Vorhand auf drei Beinen zugrunde, bei der das Pferd mit den Hinterbeinen um ein Vorderbein, auf dem es dreht, herumtritt, während es das andere Vorderbein (das auf der Seite der Bewegungsrichtung) waagerecht gestreckt hält. Hierzu eignen sich besonders solche Pferde, die auch im Spiel schon gerne diese getragene Geste mit Aufforderungscharakter machen.

Sobald Ihr Pferd pünktlich auf Ihre Aufforderung hin, aber auch nur dann, rechts und links eine Vorderbeinhebung ausführt, sollten Sie mit den Übungen im Schritt beginnen. Arbeiten Sie nicht im Halten, bis die Bewegungen ausdrucksvoll sind, da sich die Belastungsverhältnisse im Stehen von denen im Gehen unterscheiden. Wenn Sie im Halten schon ausholende Bewegungen verlangen, wird das Pferd dazu verleitet, zu viel Körpergewicht auf das stehende Vorderbein zu verlagern. Im Schritt muß aber die Hinterhand das zusätzliche Gewicht übernehmen, wenn das Ergebnis ein taktmäßiges Schreiten ohne Stockungen sein soll.

Zu den Übungen im Halten kehren Sie in späteren Ausbildungsphasen immer dann zurück, wenn im Schritt die Bemühungen des Pferdes um Ausdruck nachlassen. Sobald das Pferd bei den Übungen im Gehen schlechter streckt oder nur noch mäßig hebt, schieben Sie ein paar Beinhebungen im Halten ein. Hierzu können Sie dann durchaus auch einmal eine nachdrückliche Touchierhilfe geben. Auch das schlechtere Vorderbein kann so nachgearbeitet werden. Nach der ersten deutlich besseren Bemühung beginnen Sie sofort wieder, mit dem Pferd zu gehen.

9.4 Spanischer Schritt in der Bewegung

9.4.1 Die einzelne Vorderbeinhebung in drei Führphasen

Die wichtigste Bedingung für den Gehorsam des Pferdes bei der Bodenarbeit ist, daß es jederzeit willig und fleißig vorwärtszugehen bereit ist. Die Vorübungen zum Spanischen Schritt, die wir im Halten gemacht haben, bergen die Gefahr in sich, daß das Pferd an der Stelle kleben möchte, vor allem, wenn es nur für gute Vorderbeinhebungen, nicht aber für gutes Gehen belohnt wurde. Um dieser Unart vorzubeugen, unterbricht man jedes Üben im Halten häufig durch Schritteinlagen.

In diesen Führphasen sollten Sie das Pferd dazu erziehen, daß es von alleine zwar fleißig, aber dennoch gleichmäßig und ruhig geht, ohne Sie laufend zum Treiben oder zum Zurückhalten zu nötigen. Auch sich selbst muß man darin üben, das Pferd unbehindert *wandern zu lassen.* Es ist schwierig, sich beim Gehen an Takt und Tempo des Pferdes anzupassen und ihm nicht das eigene Zeitmaß aufnötigen zu wollen. Das fällt Ihnen leichter, wenn Sie sich vorstellen, Sie ließen sich *schleppen.*

Natürlich können Sie für die folgenden Übungen auch einen Helfer bitten, hinter dem Pferd herzugehen. Sofern Ihr Helfer gut auf Sie und Ihr Pferd eingestellt ist, kann er eine große Erleichterung für beide sein. Es ist am besten, wenn er mit seiner Peitsche oder Gerte nur präsent sein muß und Berührungen vermeiden kann, da es sehr schwierig ist, seine vortreibenden Peitschenhilfen und Ihre Touchierhilfen für Vorderbeinhebungen zu koordinieren.

Um die einzelnen Vorderbeinhebungen in die Führphasen einzubauen, geht man in drei Schritten wie folgt vor:

1. Führen - Halten - *Beinstreckung, Absetzen* + Lob - Führen ...
2. Führen - Halten - *Beinstreckung + sofortiges Antreten vor dem Absetzen,* Weiterführen - Halten + Lob - Führen ...
3. Führen - *Beinstreckung aus der Bewegung heraus in die Bewegung hinein* - Weiterführen - Halten + Lob - Führen ...

Alle drei Lernschritte werden von rechts und von links geübt. Im ersten Lernabschnitt treten selten Schwierigkeiten auf. Achten Sie besonders darauf, daß Ihr Pferd Ihr Kommando zum Antreten ohne zu zögern befolgt. Lassen Sie es erst dann wieder halten und eine Beinhebung machen, wenn es völlig gelöst gegangen ist, ohne auf eine Vorderbeinhebung zu lauern. Belohnen Sie es unbedingt auch während einer gelungenen Führphase, vor allem für das sofortige Mitkommen nach dem Halten.

Dieses unbedingte Loslaufen auf Ihr Stimmkommando entscheidet über den Erfolg im zweiten Lernabschnitt, wo das Pferd *vor* dem Absetzen des ausgestreckten Vorderbeines, also mit diesem noch in der Luft, antreten soll. Sie erreichen damit, daß das touchierte Bein nicht nur gehoben wird, sondern auch *durch den Schub von hinten nach vorne ausgreift.* Viele Pferde verstehen diese Übung leichter, wenn man selbst rückwärts gehend vor ihnen herläuft. Bei besonders antriebsarmen Pferden lasse ich sogar einen Helfer mit der Futterschüssel so vorangehen. Zu diesem Zeitpunkt ist vor allem wichtig, das Pferd zu fleißigem Nachtreten zu motivieren, so daß das Ausholen mit dem Vorderbein immer mehr zu einem Ergebnis der Kraftentfaltung der Hinterhand wird und das Pferd sich nicht angewöhnt, sich über dem stützenden Vorderbein zu verhalten.

Abb. 89
Gloria läuft zwischen zwei Gerten mit wechselseitigen Vorderbeinhebungen hinter mir her.

Die dritte Lernphase wird nun auch für den Ausbilder schwierig. Wenn das Pferd aus der Bewegung heraus ein Vorderbein anheben und damit gestreckt ausgreifen soll, muß dieses Bein im richtigen Augenblick touchiert werden, und dies ist der Moment des Abfußens, spätestens der des Vorführens der Schulter. Nun benötigt allerdings das lernende Pferd eine längere Reaktionszeit, und auch Ihre Gerte benötigt für ihren Weg von der Nullstellung oder aus treibender Position bis zur waagerechten Haltung neben der Schulter (Berühren oder Zeigen) eine gewisse Zeit. Deshalb schwingen Sie am besten Ihre Gerte dann auf die Pferdeschulter zu, wenn diese mit der Rückwärtsbewegung beginnt. So kommen Sie immer rechtzeitig an, nämlich dann, wenn die Schulter hinten ist, und auch das Pferd hat genug Zeit, sich in die Gertenbewegungen einzutakten. Wiederum beginne ich diese Übung oft von vorne und gehe erst später zu einer Führposition neben dem Pferd über. Dabei trage ich, wie in Kapitel 9.2 beschrieben, die Gerte auf meiner dem Pferd zugewandten Körperseite, damit sie beim Touchieren einen möglichst kurzen Weg hat. Wenn

Sie die Gerte außen um Ihren Körper herumführen müssen, kommt die Hilfe leicht zu spät, so daß Sie das Pferd unnötig abparieren müssen. Je besser Ihr Pferd in früherem Führtraining gelernt hat, selbständig zu wandern, umso weniger müssen Sie nun treibend oder bremsend einwirken. Dieses Wandertraining können Sie gar nicht übertreiben! Je besser Ihr Pferd wandert, umso leichter und manchmal sogar völlig selbständig findet es später zu den Dreier- und Zweierrhythmen.

Im Gehen wird das Pferd anfangs deutlich weniger hoch heben als zuvor im Stehen. Zu diesem Zeitpunkt ignorieren wir das. Der Ausdruck verbessert sich von selbst mit wachsender Bewegungskoordination und vermehrter Gewichtsübernahme mit der Hinterhand.

Zehn- bis zwanzigmal strecken - je nach Temperament des Pferdes - genügt pro Trainingseinheit. Man hört mit den gelungensten Schritten auf und wartet nicht, bis das Pferd müde wird oder die Lust verliert.

9.4.2 Vorderbeinhebungen in bestimmten Rhythmen

Sobald auf jeder Seite einzelne Vorderbeinhebungen flüssig aus der Bewegung heraus gelingen und das Pferd zum Absetzen des Beines gut nach vorne greift, beginnt man mit Übungen in bestimmten Rhythmen. Man wird also z.B. links vom Pferd gehen und sein linkes Vorderbein zunächst vielleicht nach jedem achten Schritt, dann nach jedem sechsten, jedem vierten, jedem zweiten zu einer Streckung auffordern. Nach einigen Hebungen wechseln Sie die Seite und üben dasselbe auf der anderen Hand. Um das Pferd zur Aufmerksamkeit zu erziehen sowie dazu, die Hilfen des Ausbilders abzuwarten, können Sie die Schrittzahl zwischen den einzelnen Touchierhilfen variieren: fünf Zwischenschritte, drei Zwischenschritte, einen Zwischenschritt, dann wieder drei und so fort. Immer, wenn ein Pferd im Laufe der Ausbildung zu eigenmächtig wird, greifen Sie auf dieses Variieren der Rhythmen zurück.

Wenn das Pferd auf der rechten Hand das rechte Vorderbein und auf der linken Hand das linke Vorderbein bei jedem Schritt auf Ihre Touchierhilfe hin aus dem Gehen heraus gut hebt und streckt und dabei ohne Stockung willig weitergeht, können Sie dazu übergehen, abwechselnd einmal das rechte und einmal das linke Vorderbein zu einer Streckung aufzufordern. Wenn ich mit diesen ungeraden Rhythmen beginne, gehe ich oft erst einmal wieder rückwärts vor dem Pferd her, weil ich so beide Schultern gleich gut erreichen kann. Ehe Sie von Ihrem Pferd den Dreierrhythmus verlangen (Walzer, Polka), sollten Sie zwischen den einzelnen Beinhebungen längere Schrittphasen einlegen, um den Fluß der Bewegung zu erhalten. Sobald das Pferd dann auch im Dreitakt hinter Ihnen herlaufen kann, können Sie damit beginnen, diese Schaulektion auch neben dem Pferd gehend abzurufen. Dabei können Sie sich nicht mehr hinter dem Schulterblatt des Pferdes aufhalten, sondern gehen so weit vorne, daß Sie mit der Gerte auch die gegenüberliegende Bugspitze erreichen können.

Wenn Ihr Pferd jetzt nicht schon von sich aus gut wandert, wirkt Ihre Position so weit vorne vielleicht verbremsend, und Sie müssen erst wieder am gleichmäßigen Gehen arbeiten. Außerdem läuft man beim seitlichen Führen Gefahr, daß das abgewandte Vorderbein schlechtere Schritte zeigt, da man es nicht so gut touchieren kann wie das inwendige. Deshalb wechselt man oft die Hand.

Wechselseitige Vorderbeinhebungen rechts-links-rechts-links - den eigentlichen Spanischen Schritt - entwickelt man am besten erst, wenn das Pferd an der Hand sowohl in der Polka als auch in Zweierrhythmen auf jeder Seite gut gefestigt ist. Die meisten Pferde beginnen übrigens von selbst, die Beine wechselseitig zu heben, vor allem dann, wenn sie gut wandern. Probleme beseitigen Sie auch hier weniger mit deutlicherem Touchieren an der Schulter, sondern eher mit geduldigem Insistieren auf regelmäßigem und kraftvollem Weitergehen, gegebenenfalls auch durch Nachtreiben.

Mit der Zeit wird es überflüssig, die Schultern zu berühren. Das Pferd beginnt, hinter Ihrer zeigenden Gerte herzulaufen. Nun können Sie die Gerte auch zu anderen Aufgaben heranziehen: Mit der Gertenspitze bezeichnen Sie die Seite der Beinhebung, gleichzeitig kann ein kleiner Schlag unter den Hals oder ein Ticken unter das Kinn aufrichtend wirken, ein Vorführen der Gerte bis vor den Kopf verbremsend.

Ich mache gerne schon in diesem Ausbildungsabschnitt von der Mitarbeit eines leichten und einfühlsam sitzenden Reiters Gebrauch. Seine Aufgabe ist nur, das Pferd gerade zu halten und im Tempo zu regulieren. Ich selbst gehe neben der Sattellage mit und sorge mit zwei Handarbeitsgerten sowohl für die Vorderbeinhebungen als auch für das gute Weiter- und Untertreten der Hinterbeine. Jetzt bewährt es sich, wenn das Pferd in früheren Führ- und Touchierübungen schon gelernt hat, seinen Schritt zu versammeln.

9.4.3 Von der Gertenhilfe zur Zügelhilfe

Sobald man mit wachsender Übung des Pferdes seine Schultern nicht mehr berühren muß, sondern schon ein Zeigen mit der Gerte genügt, um die gewünschte Reaktion auszulösen, ist auch der Zeitpunkt gekommen, die Gertenhilfe allmählich durch eine Zügelhilfe zu ersetzen.

Vielleicht haben Sie bis hierhin die Ausbildung am Halfter durchgeführt. Nun zäumen Sie das Pferd auf Trense auf und legen den geschlossenen Zügel über seinen Hals. Ihre Führposition ist seitlich vom Pferd, Ihre auswärtige Hand hält die Zügel so, daß Sie durch Drehen der Faust sowohl den äußeren als auch den inneren anschlagen können. Während der Phasen des normalen Schrittes tragen Sie die Zügelhand tief, der Gertenarm ist waagerecht.

Zum Abrufen einer Vorderbeinhebung führt die Gertenhand die Gerte am Pferdekörper entlang nach vorne auf Schulterhöhe, während die Zügelhand angehoben wird (so wird der Platz für die Gerte frei). Dabei gibt sie dem Pferd einen leichten Impuls im Maulwinkel. Sie können zusätzlich mit dem Zügel am Hals hochstreifen. Zugleich mit der gewohnten Gertenhilfe sieht und fühlt das Pferd die sich hebende Hand und spürt den leichten Zug im Maul. Mit der Zeit können Sie immer öfter auf das Gertenzeichen verzichten, und Ihr Pferd führt die Vorderbeinstreckung auf das Zügelzeichen alleine aus.

Je besser es Ihnen gelingt, Ihr Pferd auf leichteste Einwirkung im Maul (ein kleines Flattern oder Beben mit dem Zügel) zu sensibilisieren, umso leichter gelingt Ihnen später der Spanische Schritt unter dem Sattel, da Sie dann nicht Gefahr laufen, durch zu starken Zügelanzug den Kopf des Pferdes aus der Geraden zu ziehen. Umso leichter kann auch der andere Zügel anstehen, mit dem Sie das Pferd geradegerichtet halten.

Die Umstellung auf die Zügelhilfe können Sie solange im Halten üben, bis das Pferd auf Zügeleinwirkung hin sein Vorderbein hebt und streckt. Lehren Sie das Pferd auch, das Bein solange oben zu lassen, wie der angehobene Zügel im Maulwinkel zupft. Üben Sie dasselbe auch ruhig schon vom Sattel aus. In jeder Hand trägt der Reiter zusätzlich zum leicht anstehenden Zügel eine Gerte in der auch sonst üblichen Haltung. Im Bestreben, mit der Spitze der Gerte die Pferdeschulter zu erreichen, wird man die Zügelhand etwas anheben und eindrehen, wodurch die oben beschriebene Hilfe ganz von selbst entsteht.

Auch wenn das Pferd die Zügelhilfe schon verstanden hat, muß man in der Bewegung, wo die Aufmerksamkeit des Pferdes durch zusätzliche Aufgaben beansprucht wird, öfter wieder auf die Gertenhilfe zurückgreifen. Damit das Pferd auch unter dem Reitergewicht weiterhin taktmäßig und ruhig voranschreitet und seine Vorderbeinhebungen auf leichte Zeichen hin ausführt, kommt man manchmal nicht ohne einen Helfer aus, der am Boden mitgeht und sowohl beim Nachtreiben als auch bei den Schulterhebungen hilft. Das erleichtert es vor allem dem Reiter, absolut gerade und ruhig zu sitzen. Reiter, die bei jeder Schulterhebung mit dem Becken in die abgesenkte Rückenseite kippen, sehen nicht nur wenig elegant aus, sondern sie erschweren es ihrem Pferd außerordentlich, geradeaus zu gehen. Geht es aber nicht gerade, kann die Kraft, die von hinten kommt, die Vorhand nicht mehr erreichen. Darunter leidet nicht nur die Höhe der Vorderbeinbewegung, sondern auch der Raumgriff und die Streckung.

Wenn Sie diese ganze Vorarbeit vom Boden aus geduldig und gründlich durchgeführt haben, vor allem, wenn Ihr Pferd selbständig und sicher wandert, entstehen später bei der reiterlichen Hilfengebung kaum Probleme. Wenn ich so formuliere, setze ich allerdings voraus, daß Sie beim Schrittreiten das wechselseitige Treiben im Augenblick des Abfußens eines Hinterbeines beherrschen.

Sofern Ihr Pferd im Schritt gut am Schenkel vorwärtsgeht und sich auch auf einen Sporeneinsatz hin nicht zusammenzieht, versuchen Sie, zunächst Polka, dann auch Spanischen Schritt, ohne einen Helfer am Boden zu reiten. Mit den Zügeln gewichten Sie die Vorhand und geben den Vorderbeinen den Impuls, mit Schenkel und Sporn erhalten Sie das gleichmäßige Weitertreten der Hinterbeine. Daß dabei der diagonale Schenkel zugleich mit der anhebenden Zügelhilfe treibt, liegt an der Fußfolge des Schritts (die Schulter wird vorgeführt, wenn sich das diagonale Hinterbein vom Boden löst) und ist keine Besonderheit des *Spanischen* Schritts. Ich empfehle Ihnen, dieses diagonale Treiben nicht zu sehr betonen zu wollen, damit Ihr Sitz gerade bleibt und Vorwärtswirkung behält. Im Laufe der Zeit kann der Sporeneinsatz die Zügeleinwirkung unterstützen oder auch, je nach Veranlagung und Können von Pferd und Reiter, ihre Funktion ganz übernehmen.

Zum Abschluß dieses Kapitels möchte ich noch einmal darauf hinweisen, daß der korrekt ausgeführte Spanische Schritt ein Schritt in beginnender

Versammlung ist und demnach nur von solchen Pferden in dressurmäßigem Sinne gut gezeigt werden kann, die schon über die entsprechende Tragkraft der Hinterhand verfügen. Pferden, die im barocken Typ stehen, kommt dabei ihre natürliche Veranlagung entgegen. Andere Pferde, vor allem solche mit wenig Aktion, werden ihn nicht mit vergleichbarem Ausdruck der Vorderbeine zeigen können: Entweder fehlt ihnen die beeindruckende Höhe der Hebung, oder diese wird durch stärkeren Einsatz der Vorhandmuskulatur erzielt, wodurch die Leichtfüßigkeit leidet.

Ich persönlich vertrete die Meinung, daß bei fleißig gehaltener Hinterhand, beim einen Pferd schon mehr tragend, beim anderen noch eher schiebend, die hier beschriebenen Übungen auch bei Anlegen eines dressurmäßigen Maßstabes gewinnbringend sind: Sie festigen den Takt, machen die Schulter freier, kräftigen Hinterhand und Vorhand, dienen dem Gehorsam und machen Freude. Solange Sie sich bewußt sind, daß Sie mit diesem Programm nur Vorübungen machen, die eines Tages bei fortgeschrittener dressurmäßiger Ausbildung in einen auch streng klassischen Grundsätzen genügenden Spanischen Schritt münden können, machen Sie keinen Fehler.

Und damit Sie nicht in den Fehler eines "Überehrgeizes" verfallen, möchte ich mit einem Zitat von Waldemar Seunig schließen: "Der spanische *Schritt* (auch pas espagnol oder Marschierschritt genannt), ..., bei welcher die schwunglose Hinterhand von der Vorhand nachgeschleppt wird und sich die gestreckten Vorderbeine krampfhaft, möglichst bis zur Waagerechten heben, ist eine unnatürliche, unharmonische, das Laienauge durch seine effektvoll-prahlende Geste bestechende *Parodie schulmäßiger Form*. ... . Auch der spanische Trab ist nichts anderes als ein Schwimmtrab mit ungebeugten Hanken, ... (Seunig, Von der Koppel bis zur Kapriole, Anmerkung 3, S. 356)".

Vermutlich hat Seunig nur beschrieben, was er sah. Wenn wir uns heute bei Galaabenden und anderen Aufführungen umsehen - gewinnen wir da ein anderes Bild?

Machen Sie mutig Ihre Übungen, machen Sie sie gewissenhaft - und hängen Sie sich zuvor Seunigs Urteil über die Stalltür!

9.5 Zum Steigen

9.5.1 Körperliche und erzieherische Voraussetzungen

Viele Reiter lehnen das Steigen als Lektion für ein Reitpferd grundsätzlich ab. Sie befürchten, Ihr Pferd damit erst recht zur Widersetzlichkeit zu befähigen. Wer diese Befürchtung hegt, hat in seinem speziellen Fall wohl recht, weil er instinktiv fühlt, daß er sein Pferd noch nicht ausreichend im Griff hat.

Allerdings glaube ich, daß jemand, der sein Pferd entsprechend den Anleitungen dieses Buches wirklich bis hierher mit Erfolg ausgebildet hat, auch reif ist, sich an das Steigen als Lektion zu wagen. Er hat längst ausreichend Erfahrungen mit Schulterhebungen gemacht. Vielleicht ist bei den Übungen zum Spanischen Schritt ohnehin hie und da schon einmal ein kleiner Hüpfer mit beiden Vorderbeinen entstanden.

Wenn ich ein Pferd habe, das zum Steigen neigt, ergreife ich lieber die Flucht nach vorne und mache eine Lektion daraus, anstatt mich Zeit unseres Lebens zu Vermeidungsverhalten zwingen zu lassen.

Ich möchte allerdings deutlich betonen, daß ich es niemals befürworte, aus dieser Neigung eines Pferdes sofort eine Übung auf Hilfen machen zu wollen. Beobachte ich, daß ein Pferd gerne und gut spontan steigt, freue ich mich über seine Begabung, aber warte mit der Ausbildung, bis es einige der Lektionen zu Boden und mindestens einzelne Schulterhebungen beherrscht. Erstens einmal kostet Steigen Kraft, und nicht nur die Muskulatur, sondern auch Bänder und Sehnen müssen dafür vorbereitet sein, ehe an ein regelmäßiges Training gedacht werden kann. Vor allem aber müssen die psychologischen und pädagogischen Voraussetzungen geschaffen sein, damit das Pferd eine Anleitung zum Steigen in vollem Gehorsam überhaupt verkraften kann. Das Ansteigen eines Gegners ist eine kriegerische Handlung, und viel gegenseitiges Verstehen und klar abgesteckte Grenzen sind nötig, wenn das Pferd beim Erlernen des Steigens auf Kommando nicht seelisch verwirrt werden soll.

Ganz bewußt sind daher meine Hilfen zum Steigen etwas anders als die in der jüngeren Literatur beschriebenen, wo die Vorderbeine mit Fußlongen angehoben werden. Ich möchte nicht Hilfen anbieten, die auch ein Pferd ohne Vorerziehung umsetzen kann. Die hier beschriebenen Hilfen entwickeln sich geradlinig aus den Hilfen für den Spanischen Schritt und setzen also beim Pferd zumindest die ganze in Kapitel 9 beschriebene Ausbildung voraus. Auch der Trainer kann inzwischen gut mit einer Gerte umgehen und er weiß längst, wie sein Pferd auf Touchierhilfen reagiert. Hat er auch mit seinem Pferd die Ausbildung "zu Boden" durchlaufen, sind alle *seelischen und körperlichen Voraussetzungen erfüllt*: *Kraft, gute Bewegungskoordination und Balance und eine disziplinierte Grundstimmung.*

9.5.2 Die Hilfen

Eine Erhebung auf den Hinterbeinen ist im Ansatz dasselbe wie das gleichzeitige Herausstrecken beider Vorderbeine. Da das Pferd ein einzelnes Vorderbein schon auf Kommando vorstrecken kann, kennt es im Grunde auch schon die Hilfe für das Steigen und muß - ähnlich wie beim Knien - nur noch herausfinden, wie man beide Vorderbeine zugleich vom Boden löst, ohne das Gleichgewicht zu verlieren.

Zu Ihrem ersten Versuch stellen Sie sich in ausreichendem Abstand vor das Pferd. Verwenden Sie aus Sicherheitsgründen lieber zwei Handarbeitsgerten von ca. 1,80 Metern Länge als gewöhnliche Dressurgerten, damit Sie aus ausreichender Entfernung touchieren können.

Aufgrund seiner bisherigen Ausbildung sollte Ihr Pferd schon wissen, daß es auf gerader Linie an der Stelle bleiben muß, nicht seitlich abdrehen darf und auch nicht auf Sie zukommen darf. Trotzdem können Sie zwei Helfer bitten, das Pferd an längeren Longen aus mindestens drei Metern Entfernung von der Seite aus zu halten. Dem Pferd erleichtern Sie damit das Balancieren, für Sie kann es eine zusätzliche Sicherheit sein.

Die Helfer sollten unbedingt angehalten werden, nur so geringfügig wie möglich einzugreifen. Deshalb werden die Longen auch nie im Gebiß befestigt, sondern am besten nur am Halfter, allenfalls auch an einem Kappzaum. Ich finde es nicht richtig, ein Pferd zu stark nach hinten zu begrenzen. Weder sollte es in eine Ecke gestellt werden, noch sollten die Helfer ein Ausweichen nach hinten zu verhindern versuchen. Wenn ein Pferd auf Ihr Touchieren hin nach hinten ausweicht, hat es Angst oder fühlt sich unsicher, weil es die neue Aufgabe noch nicht versteht. Ein ängstliches Pferd wird ohnehin kein guter und bestimmt kein verläßlicher Steiger. Machen Sie Ihrem Pferd in anderen Lektionen und mit einzelnen Schulterhebungen solange Mut, bis es nicht mehr rückwärts flüchtet.

Touchieren Sie nun das Pferd an beiden Schultern wechselseitig und lassen es in möglichst schneller Folge Schulterhebungen rechts und links ausführen.

Damit das Pferd dabei nicht auf Sie zu kommen will, so wie es das von den Übungen zum Spanischen Schritt her kennt, beginnen Sie mit einigen Tritten Rückwärtsrichten und legen auch nach einigen Schulterhebungen immer wieder einige Tritte nach hinten ein. Dadurch schieben Sie das Pferd zusammen und bringen es besser auf die Hinterhand.

Außerdem lassen Sie Ihre Gerte nach der Berührung nicht nach unten sinken, sondern nehmen sie aufwärts weg. So lenken Sie die Aufmerksamkeit des Pferdes nach oben. Ihr Pferd hat ja längst gelernt, der zeigenden Peitschenspitze zumindest mit dem Auge zu folgen, eventuell auch schon mit dem Körper. Es wird also nicht lange dauern, bis seine Vorderbeinbewegungen immer mehr hinauf gehen.

Beschäftigen Sie sich nicht allzu lange mit diesen Vorübungen, um das Pferd nicht müde zu machen. Sobald es in ausreichend temperamentvoller Stimmung ist, touchieren Sie ganz plötzlich mit beiden Gerten beide Schultern zugleich. Gleichzeitig geben Sie das neue Stimmkommando (hoch). Dieses Touchieren sollte so kräftig sein, daß es geeignet ist, eine reflexhafte Reaktion auszulösen, Sie wollen das Pferd sozusagen überrumpeln. Fast immer genügen zwei oder drei solcher Versuche, bis das Pferd einen ersten Ansatz zeigt, beide Vorderbeine zugleich vom Boden zu lösen. Dann ist begeistertes Lob angebracht. Auch wenn Sie keinen Erfolg erzielen konnten, müssen Sie die Unterrichtseinheit für diesen Tag beenden, da solche Übungen das Pferd schnell ermüden.

Wenn das Pferd erst einmal auch nur für einen winzigen Moment beide Vorderhufe gleichzeitig gehoben hat, ist die größte Hürde genommen. Höher und länger zu steigen ist dann im wesentlichen nur noch eine Frage der wachsenden Kraft und Geschicklichkeit, dies allerdings nur, wenn das Pferd zur geeigneten Körperhaltung findet: bei parallel stehenden Hinterbeinen mit gebeugten Gelenken, mit gerundeter Oberlinie und gut angewinkelten Vorderbeinen.

Die meisten Pferde, die bereitwillig steigen, finden von selbst zu dieser Haltung, vorausgesetzt, sie wurden in der Ausbildung nicht gegen ihren Willen hochgescheucht. Sie können das Pferd aber auch dabei unterstützen, die richtige Formgebung zu finden. Um das Pferd auf die Hinterhand zu setzen, können Sie es vor dem Steigen entweder hinten herantouchieren bzw. einen Helfer damit beauftragen, oder sie richten es einige Tritte rückwärts. Eventuell helfen auch lang geschnallte Ausbinder dem Pferd, zur runden Oberlinie zu finden.

Zum echten Steigen gehört, daß es senkrecht sein soll. Aber auch ein nicht ganz steiles Steigen ist beeindruckend, wenn es kraftvoll und balanciert ist. Als Gymnastikübung ist es vielleicht sogar vorzuziehen, da sich das Pferd dabei auf gebeugten Hinterbeinen trägt.

Abb. 90

Abb. 91

mit wachsender Kraft und Balance allmählich immer höher der zeigenden Gerte folgend

Sobald unser Pferd verstanden hat, daß es beide Vorderbeine gleichzeitig vom Boden lösen soll, versuchen wir, diese Reaktion auf bloßes Emporzeigen mit den beiden Gerten zu erreichen. Wie schon bei den Lektionen "zu Boden" ist es unser Ziel, das Pferd zum Verfolgen der Gertenspitze zu erziehen. Sobald es dieser erst einmal nach oben folgt, ist es auch keine Angelegenheit des Verstehens mehr, sondern nur noch eine von Kraft und Balance, bis es länger im Steigen oben bleibt. Hierzu kann auch noch die rückwärtsrichtende Einwirkung der Longenführer hilfreich herangezogen werden. Das Steigen unter dem Sattel ist wie das Steigen auf Zügelhilfe (Abb. 92) das Ergebnis des Untertreibens der Hinterbeine gegen beide aushaltende Hände.

Abb. 92
Steigeübung auf Zügelhilfe

Fast jedes Pferd kann von Steigeübungen profitieren, aber nicht jedes Pferd wird die Lektion perfekt erlernen oder gar mit Ausstrahlung vollführen. Es gibt Pferde, die nicht steigen wollen, und solche findet man durchaus auch unter Hengsten. Es gibt Stuten und Wallache, die gern und gut und auch mit Ausstrahlung steigen. Trotzdem haben vor allem Stuten Tage, an denen es ihnen einfach nicht danach ist. Für Schauzwecke eignen sich Hengste auf jeden Fall am besten, weil man sich auf ihre Bereitschaft zu steigen immer verlassen kann.

Auch wenn das Steigen als Schaulektion nur für wenige Pferde in Frage kommt, ist es als häusliche Gymnastikübung doch für viele Pferde durchaus interessant.

Verzeichnis verwendeter Fachliteratur

BECKER, HORST: Von der Freiheitsdressur zur Hohen Schule. Cadmos, 1997.

BLAKE, HENRY: Versteh Dein Pferd. Albert Müller, 1976.

BLENDINGER, WILHELM: Psychologie und Verhaltensweisen des Pferdes. Paul Parey, 1988.

BLÜMCKE, SIGURD: "Der Preis ist die Freude am gelungenen Werk. Einführung in die gewaltlose Bodenarbeit." Freizeit im Sattel, 9/1995 bis 7/1996.

EICHER SIGRID / ELISABETH WEILAND: Fredy Knie. Die sanfte Art, mit Pferden umzugehen. Franckh-Kosmos, Ott, 1994.

FILLIS, JAMES: Grundsätze der Dressur. Berlin 1894. 2. Reprint Olms Presse, 1990. *(Documenta Hippologica)*

FREESS, ULRIKE: "Longieren". Eine Sonderbeilage des Pegasus 9/97.

HINRICHS, RICHARD: Tänzer an leichter Hand. Reiten mit unsichtbaren Hilfen. Wilhelm Schröer, 1989.

HOFFMANN, MARLIT: Schaunummern mit Pferden. Albert Müller, 1979.

KILEY-WORTHINGTON, MARTHE: Pferdepsyche-Pferdeverhalten. Albert Müller, 1989.

LESSER, WOLFGANG: "Blindes Vertrauen. Spezialdressuren: Es muß nicht immer Reiten sein!" Reiter-Revue 6/1992.

LOCH, SYLVIA: Reitkunst im Wandel. Von der klassischen Lehre zum Dressursport. Franckh-Kosmos, 1995.

MACSWINEY OF MASHANAGLASS, OWEN MARQUIS: Ausbildung des Pferdes an der Hand. Paul Parey, 1990.

MÁDAY, STEFAN VON: Psychologie des Pferdes und der Dressur. Berlin 1912. 3. Reprint: Olms Presse, 1996. *(Documenta Hippologica)*

OTTO, BERND: "Showtricksjournal". Eine Sonderbeilage von Pegasus 4/1996.

PARELLI, PAT: Natural Horse-Man-Ship. The Western Horseman, 1993. Kierdorf, 1995.

NATHALIE PENQUITTS PFERDESCHULE: Zauber der Verständigung. Franckh-Kosmos, 1996.

SCHÄFER, MICHAEL: Die Sprache des Pferdes. Franckh-Kosmos, 1993.

SCHAUBERGER, ALFRED / WIEMERS, EVA: Zirkuslektionen mit Pferden. Nümbrecht, Band I 1994, Band II 1995.

SCHIRG, BERTOLD: Die Reitkunst im Spiegel ihrer Meister. Band II. Olms Presse, 1992. *(Documenta Hippologica)*

SEUNIG, WALDEMAR: Von der Koppel bis zur Kapriole. Die Ausbildung des Reitpferdes. Berlin 1943. Reprint: Olms Presse 1996. *(Documenta Hippologica)*

SOLINSKI, SADKO G.: Das Gymnasium des Freizeitpferdes. Der Weg zu pferdegemäßem Reiten. 2. Auflage Olms Presse, 1996.

STERN, HORST: Bemerkungen über das Pferd im Zirkus. Fernsehfilm SDR, 1973 (1977). VHS Franckh-Kosmos.

Abbildungsnachweis

Abbildungsnummern	Fotograf
Titelfoto	Helga Imbery
1-10, 37, 38, 57, 60 61, 76, 77, 90, 91	Thomas Höller
11, 12	Kornelia Koch
39, 42-44, 65-67	Silvia Schwarz
45	Ulla Pohlmeyer
46, 47, 48	Marianne Bührer
56, 68	Sabine Burgert
40, 80-83	Prof. Dr. Kurt Wiemers
87	Elisabeth Bartel
78, 84, 88, 89, 92	Helga Imbery
alle Zeichnungen außer 86	Jutta Wiemers Helga Imbery

Als Band 2 ist lieferbar:

Band 2 vertieft die seelische Dimension der zirzensischen Bodenarbeit, bereichert den Dialog mit den Pferden und erweitert die gymnastische Bedeutung. Bei entsprechender Ausbildung und Ausführung kann die zirzensische Bodenarbeit vorhandene Lücken in einer Gesamtsicht der Pferdeausbildung schließen helfen: bei der Vorbereitung junger Pferde auf ihre reiterlichen Aufgaben (Kräftigung und Schulung der Motorik), als Ausgleichsgymnastik für Leistungspferde und Beitrag zu einer aktiven Rehabilitation nach Verletzungen. Zahlreiche Bildtafeln verdeutlichen die körperliche Beanspruchung bei jeder Aktion.

Kontakt mit der Autorin: Internet:www.wiemers.at